区、县级图书馆建设研究

井继龙 ◎ 著

中国纺织出版社有限公司

内 容 提 要

区、县级图书馆作为广大群众身边的资源库，是促进基层民众广泛开展阅读、积极参与到传统文化学习和弘扬过程中的推动力量。本书从当前区、县图书馆的建设现状入手，详细阐述了信息时代区、县图书馆如何更加精准、高效地服务民众，如何提高图书资源利用的效率，如何最大限度地满足读者的阅读需求。读者能够通过本书的内容了解到加强区、县级图书馆的建设力、如何让更多的民众在“身边的阅读”中受益，并针对区、县级图书馆建设如何助力学习型社会和公益性社会建设而展开思考。

图书在版编目（CIP）数据

区、县级图书馆建设研究 / 井继龙著 . -- 北京：中国纺织出版社有限公司，2021.12

ISBN 978-7-5180-8983-3

Ⅰ. ①区… Ⅱ. ①井… Ⅲ. ①区图书馆—图书馆工作—研究 ②县级图书馆—图书馆工作—研究 Ⅳ. ① G258.22

中国版本图书馆 CIP 数据核字（2021）第 206546 号

责任编辑：邢雅鑫　　责任校对：高　涵　　责任印制：储志伟

中国纺织出版社有限公司出版发行

地址：北京市朝阳区百子湾东里 A407 号楼　邮政编码：100124

销售电话：010—67004422　传真：010—87155801

http://www.c-textilep.com

中国纺织出版社天猫旗舰店

官方微博 http://weibo.com/2119887771

三河市延风印装有限公司印刷　各地新华书店经销

2021 年 12 月第 1 版第 1 次印刷

开本：710×1000　1/16　印张：9

字数：123 千字　定价：68.00 元

前言

区、县级图书馆主要服务于基层大众，是人民群众身边的“资料库”，这个定位决定了它的责任就是承担起传统文化和科学知识在基层社会中的传播，是弘扬传统文化、推动文化自信的基础执行者。区、县级图书馆汇集了各种资源，为基层群众建立起了一座身边的数据库，是最广泛的人民群众触手可及的信息资源共享平台，在基层社会中主流文化的传播和现代文化创新具有先导性和基础性的地位。加强区、县级图书馆的建设，特别是数字图书馆的建设，进一步借助现代科技手段提高区、县级图书馆对文化资源的收集整理能力和服务水平，是增强基层文化渗透的重要前提，也是扩大社会主义和谐社会信息化建设辐射范围的重要途径。区、县级图书馆就是基层社会的信息服务站，对于深化基层社会的文化服务有着独特价值和现实意义。区、县级图书馆是区、县级地区人民紧跟时代提升自己的保障，是吸引并带动区、县级地区人民群众积极参与时代建设和社会竞争的重要力量，为学习型社会在区、县级地区的创建提供有力支持。

本书对于区、县级图书馆建设的研究分为十个章节。

第一章阐述了区、县级图书馆的社会价值和影响力，以及区、县级图书馆作为基层公共图书馆在我国学习型社会建设中的影响力。

第二章从发展观念、经费、资源、藏书质量、馆员以及借阅制度六个方面介绍了当前我国区、县级图书馆的发展现状。

第三章详细列出了我国当前区、县级图书馆的发展困境，笔者针对现状给出了一些加强区、县级图书馆建设的建议。

第四章从信息化建设的角度说明了当前区、县级图书馆数字化建设的现状，以及在数字化建设中区、县级图书馆所面临的困境。

第五章首先分析了区、县级数字化图书馆建设的必要性和价值，然后对区、县级图书馆数字化建设的路径进行了探讨。

第六章以大数据为切入点，讨论了移动数据在县级公共图书馆建设的应用，以及区、县级公共图书馆智能化移动数据服务系统建设的多种可能性。

第七章主要讲述了区、县级图书馆公共文化供给理论以及区、县级图书馆公共文化供给体系建设。

第八章对区、县级公共图书馆在信息时代的可持续发展路径展开新的思考，为区、县级公共图书馆在管理、服务以及阅读推广等方面的工作提供了新思路。

第九章在总结前文的基础上，从以中国特色的社会主义建设需求为出发点，指出了区、县级图书馆面临的机遇与挑战，从公益化和社会化发展以及助力脱贫等方面说明区、县级图书馆的社会使命。

第十章主要讲述了区、县级图书馆智能服务系统架构和设计、图书馆智能服务工作的组织推进措施和图书馆智能服务的创新发展方向。

本书从多个维度、多个侧面对当前区、县级图书馆的建设以及数字化建设的现状以及未来发展趋势作出了分析和研究，对区、县级图书馆未来的发展趋势和社会责任进行了详细的解读，非常具有现实意义。

著　者

2021 年 9 月

目　录

第一章

区、县级图书馆的社会价值和影响力

一、区、县级图书馆的社会价值

在我国构建社会主义和谐社会的过程中，社会公共文化事业建设的重要性不断加强，作为社会文化公共服务体系的一个重要组成部分，公共图书馆具有极高的先导性和基础性，区、县级图书馆作为基层社会的文化空间，在丰富基层群众的文化生活、推广全民阅读方面起到了非常积极的作用。

（一）区、县级图书馆在社会文化事业建设中的角色

1．传播科学知识、弘扬传统文化

图书馆肩负着对人类社会现存文献的收集、保存和可利用的重要责任。无论是对古代文献的妥善保存、对近现代文献的分类管理，还是对馆藏文献文明的推广普及，都是对人类文化遗产的有益保护和发扬传承。在对人类文化的保护和传承方面，图书馆有着不可替代的地位。区、县级图书馆主要服务于基层大众，是人民群众身边的“资料库”，这个定位决定了它的责任就是承担起传统文化和科学知识在基层社会中的传播，是弘扬传统文化、推动文化自信的基础执行者。

2. 推动社会文化创新

一个社会在发展的过程中，无论是制度、学科还是科技，都需要不断地创新，在社会发展的多维度创新中，文化创新始终扮演着先行者的角色，它在社会发展中具有极强的先导性作用，在各种社会性创新活动中都有极大程度的渗透。文化创新是一种强大的发展动力，文化创新的水平越高，社会发展的整体氛围就越好，各行各业的人才队伍建设和创造意识就越强。图书馆作为一个被文化和知识所“包围”的场所，作为各种文化资源的输出源头，在社会文化创新中担负着重要的任务[1]，在社会主义和谐社会的构建过程中有着突出的贡献。

区、县级图书馆汇集了各种资源，为基层群众建立起了一座身边的数据库，是最广泛的人民群众触手可及的信息资源共享平台，在基层社会中主流文化的传播和现代文化创新具有先导性和基础性的地位。加强区、县级图书馆的建设，特别是数字图书馆的建设，进一步借助现代科技手段提高区、县级图书馆对文化资源的收集整理能力和服务水平，加大公共文化服务体系的覆盖范围，也是增强基层文化渗透的重要前提。

3. 引领区、县级地区的学习型社会建设

社会主义和谐社会要实现建立学习型社会的基本目标，努力提高公民的整体素质是关键。在这个过程中，图书馆在社会教育中所起到的重要作用是不可忽视的。现代社会的发展日新月异，各行各业在快速发展下都为民众提出了终身学习的要求。图书馆文化知识资源和信息资料库满足了广大群众终身学习的物质要求，成为学习型社会建设的引导者。区、县级图书馆利用自身的资源优势，用优秀的传统文化知识、先进的科学技术知识、正确的思想理论知识为基层民众提供服务，通过现代化学习空间的建造和学习氛围的营造，为区、县级地区基层民众提供一个能够进行终身学习的公共文化空间。[2]

[1] 孙娇．谈公共图书馆的社会价值［J］．读书文摘（中），2017.

[2] 崔晓颖．公共图书馆社会价值的再认识［J］．群文天地，2009.

4．传递最新的科学信息

新媒体的发展不仅带来了一场轰轰烈烈的传媒革命，也造成了极为严重的信息传播不平衡的现象，大量能够快速吸引眼球的断章取义、哗众取宠的碎片化信息广泛传播开来，在基层社会中产生了很严重的负面影响。图书馆按照一定的规则收集组织信息资料，对文化、知识及信息资料的来源进行科学有序的配置和整理，是对抗信息不平衡现象的有效力量。加大宣传区、县级图书馆的科学信息传播作用，能够让群众根据自己的需要在获取真实的、完整的、科学的信息同时，以满足不同受教育程度、不同专业以及不同兴趣爱好的读者的知识需求和信息需要，这是区、县级图书馆自身传播能力优势的凸显。

（二）区、县级图书馆在社会主义和谐社会构建中的作用

1．用先进的文化引领基层社会

先进文化是国家政治经济持续发展和国际竞争力不断加强的支撑力量，在当前信息技术迅猛发展、全球化程度不断深入的形势下，社会主流意识形态也受到了非常严峻的挑战，这样的发展背景下，图书馆对于先进文化的倡导作用就显得更加重要。区、县级图书馆在党的相关政策方针下，坚持国家法律法规和科学发展观，对先进文化成果的收集整理、发掘转化、继承发展，都是促进基层民众牢牢把握先进文化的先锋力量。[1]

2．用创新意识支持国家发展

创新意识是实现社会可持续发展的深层支撑，创新体系是基础支柱也是动力来源。在我国的国家创新体系中，图书馆的任务非常重要，其起到的保障作用也是无可替代的。图书馆的主要服务内容就是为政府、社会机构以及民众提供文献信息服务，图书馆体系可以说是社会结构中的一座资源宝库，更是整个社会中非常重要的信息传播枢纽。区、县级图书馆是地方上收集、整理、存储、管理、传播信息的中心，它将不同地域上珍贵的资料和素材汇集在一起，

[1] 刘雪岩，统一战线与社会主义先进文化建设［J］. 辽宁省社会主义学院学报，2005.

对于我国创新体系的建立也发挥着巨大的作用。[1]

3. 用文化的力量促进和谐社会的构建

我国的社会结构在经济快速发展的带动下也在不断地发生着变化，人民群众的价值观念越来越多样化的背景之下，各种利益冲突不断加剧，导致了一些社会矛盾的日益凸显，社会发展中的不稳定因素和不和谐因素明显增加，因此，维护社会稳定成为促进和谐社会建设的重要任务。图书馆作为社会文化教育的重要组成部分，是学习氛围的制造者，是培养文化素养、陶冶情操、美化心灵的特殊场所，这是任何其他社会机构都不具有的特点。加强区、县级图书馆的建设，使区、县级图书馆的馆藏资料和能够展示的先进文化成果不断丰富起来，用氛围感和服务为基层群众提供知识文化的补充，能够非常有效地帮助他们释放生活和工作的压力，缓解疲惫的精神和烦躁的心理。区、县级图书馆凸显了资源利用的公平性，不论是什么样的文化程度和工作种类的基层民众都可以走进图书馆，以“读者”这一种真正平等的身份享用图书馆的资源，满足自身学习知识和获取信息的需求，是我国构建和谐社会不可缺少的重要主体。[2]

（三）区、县级图书馆是基层公共文化空间的重要组成部分

公共空间是大众可以共享的空间或场所，生活在社会中的每个人都有公共空间需求。公共空间是社会个体进行必要的社会交往和娱乐活动的必要场所，单独的个体通过在公共空间的一系列行为成为一个社会或者社区内的组成成员。在各种不同种类的公共空间中，公共文化空间是广大群众用来进行学习交流等活动的公共场所，主要包括图书馆、博物馆、科技馆、艺术展览馆等场所。现代化的公共图书馆是功能性非常强的公共文化空间，它不只是读者进行阅读活动的空间，有很多社会文化教育活动也会选择在公共图书馆内进行。但是在众多功能中，信息服务功能依然是公共图书馆的主要功能，在社会公共文化服务中发挥着重要作用。区、县级图书馆就是基层社会的信息服务站，对于

[1] 孙娇．谈公共图书馆的社会价值［J］．读书文摘（中），2017.

[2] 崔晓颖．公共图书馆社会价值的再认识［J］．群文天地，2009.

深化基层社会的文化服务有着独特价值和现实意义。

1．区、县级图书馆是公益性机构

区、县级图书馆的公益性突出体现在政府用公共财政资金，投入图书馆的建设中，让区、县级图书馆作为基层社会公共文化体系的一个重要环节，来满足广大基层群众精神文化需求。“无偿服务”的服务模式决定了区、县级图书馆的公益性特征，公益性特征也是区、县级图书馆的基本属性之一。区、县级图书馆在坚持公益性原则的同时，在管理方式上也要遵循普遍均等的原则，为所有的基层民众中的读者打造一个信息资源的共享平台，是我国社会主义市场经济时代的公益典范。

2．区、县级图书馆是人文性空间

公共文化空间在当今世界已经成为彰显社会文明程度的重要标志，各种类型的公共文化空间都在朝着人文性方向发展，区、县级图书馆的人文性特征也越来越明显。首先，区、县级图书馆的存在就是人文精神与现代科技精神相结合的产物，利用现代科技手段为社区群众提供更加优质和高效的阅读服务，是区、县级图书馆的人性化和人文关怀的体现。其次，区、县级图书馆为广大群众提供本土化的公共服务产品，是地域人文特征的表现。最后，区、县级图书馆往往能够更加贴合基层群众的阅读需求，其空间环境的布局和资料分类设置也比较符合基层民众的生活习惯，这些都是区、县级图书馆在现代化建设中人文性特征的体现。

3．区、县级图书馆是开放性场所

任何公共文化空间都是开放性场所，因为开放性是基本功能和属性，所以当前越来越多的区、县级图书馆已经开始面对所有基层群众开放。对读者来源进行限制曾经是很多区、县级图书馆的制度缺陷，全面开放以后，无论是什么身份的社会人员，只要有阅读需要都可以到图书馆来进行阅读或者借阅。[1]除此之外，图书馆本身作为一个公共空间资源也在逐步对外开放，读者可以以阅读为目的走进图书馆，在图书馆中借阅图书或查阅文献资料，即使不读书，也

[1] 王淑君，图书馆作为公共文化空间的价值探微［J］. 芒种：下半月，2018.

有自由利用图书馆内公共空间的权利，只要读者的行为没有违反法律，没有破坏道德，也没有违背图书馆的相关规定，那么它就不会在图书馆这个公共空间内受到任何局限或限制。

4. 区、县级图书馆是伦理性空间

伦理性是区、县级图书馆作为基层社会的公共文化空间所体现出的最重要的价值之一。群众的文化诉求在图书馆中被最大限度地公平化满足，图书馆能够为所有有需求的人提供均等的知识与信息资源，所有人都能够在这个公共空间内自由地获取信息。随着当前区、县级图书馆越来越多地进行数字化建设，技术手段与服务价值正在互相促进中逐步实现图书馆政治智能空间与文化智能空间的结合，这也是区、县级图书馆伦理性特征的体现。

区、县级图书馆作为基层社会的公共文化空间具有极高的社会价值。

首先，它能够切实地帮助群众提升素养。区、县级图书馆的公益性决定了它的首要发展目标是社会效益，“一切为读者服务”是区、县级图书馆的宗旨，为地方公众负责是区、县级图书馆整体规划与管理的出发点。作为基层社会公共文化空间的一部分，区、县级图书馆肩负着服务地方群众的使命，这也决定了它在提升民众素养方面的功能和作用。

其次，它为基层社会民众提供社会教育机会。区、县级图书馆的一个重要特征就是它的地域性文化和历史特色，它和其他公共文化空间一样，是为基层社会民众提供社会教育机会的机构，它的社会教育功能对学校教育和家庭教育起到有益的补充，它为全体民众提供平等的接受社会教育的机会。区、县级图书馆作为基层社会的公共文化空间，其对基层民众的社会教育职能十分突出，在很大程度上满足了基层人民拓展阅读量和知识量，以及提升自身文化素养等越来越多元化的精神需求。

再次，它是文化知识和信息在基层社会的重要传播媒介。随着数字化图书馆建设的逐步加强，区、县级图书馆的资源整合功能和信息传播功能也越来越完善，与传统形式的图书馆相比，数字化图书馆的公共性更加突出，它在更加全面地收集信息的同时，在免费性和共享性方面也不断加强。作为基层公共文化空间，除了历史资源的保存功能以外，区、县级图书馆也在掌握各学科发展态势上有了长足的进步，凭借其本身具备的公益性、人文性、开放性和伦理性等特性，以更加“亲和”的姿态贴近基层群众的生活。

最后，它让基层民众的休闲生活更具文化性。区、县级图书馆在不断发展中为群众带来了更加多样化的文化休闲活动，它作为构建基层社会文化服务体系的核心部门，组织开展了如知识普及、文化成果展览等多种群众喜闻乐见的活动。这些多样化的文化休闲活动不仅能够拉近区、县级图书馆与基层群众之间的距离，推动公民文化素养的提升，同时也能提高图书馆在民众之间的知名度，使区、县级图书馆的公益性和社会性更加凸显出来。区、县级图书馆极大地丰富了基层群众的文化休闲生活，为基层社会民众的精神文化生活水平的提高做出了重大的贡献。

（四）区、县级图书馆在全民阅读中的作用

生活在新时代的人们已经挣脱了传统观念的束缚，在党和政府的号召下，积极投身于提升自身文化水平的潮流中，通过阅读来完善自己、充实自己的民众队伍不断壮大。阅读是提升民众文化水平和综合素质的有效途径，因此我国很多区县地区也响应号召，在基层社会开展起了全民阅读活动。区、县级图书馆在这样的全民阅读活动中起到了至关重要的作用，区、县级图书馆通过加强自身建设，丰富馆藏资源，营造良好的阅读环境和文化氛围，积极开展阅读推广活动，能够为区、县级地区的全民阅读活动的顺利展开打下良好的基础。

1．区、县级图书馆以中老年和少儿为主要服务对象

无论处于什么年龄段，学习知识都是一件有意义的事，如果能够根据自己的兴趣爱好来学习，学习本身就变成了有趣的事情。我国较多的区、县级图书馆的主要服务对象是中老年人和少年儿童，中老年人有着一定的生活阅历，兴趣爱好也往往与自身的生活息息相关，他们的阅读需求也相对地比较具有针

对性，另外老年人时间充裕，没有精神寄托又容易上当受骗，通过推广阅读或者设置具有针对性的特色讲座，既能使他们的文化娱乐生活和精神世界丰富起来，也体现出了对中老年人的人文关怀。少年儿童也是区、县级图书馆推广全民阅读的一个主要群体，少年儿童多读书、读好书，对于他们知识结构的构建、精神世界的养成是具有非凡的现实意义的。区、县级图书馆在发展过程中，要特别注意引进适合于少儿群体的书籍，并为少年儿童展开特色借阅服务，使图书馆成为少年儿童文化娱乐生活的主要场所，为他们的课余生活提供进一步充实自己的平台，让他们能够以一种更轻松的方式开阔视野，以达到社会教育的目的。

2. 区、县级图书馆推动了基层社会的全民阅读

首先，区、县级图书馆为全民阅读活动提供丰富的阅读资源。随着全面阅读推广活动的不断深入，区、县级地区民众要提升自身文化素养的意识也在不断攀升，阅读量也呈现出不断增加的趋势。区、县级图书馆的存在，让人们意识到资源就在身边，增加阅读量的方法不只有购买图书一种，而是可以走进图书馆，在丰富的馆藏图书中自由地选择自己感兴趣的书籍，到图书馆中借阅或者阅读，既节省了经济成本又节约了时间成本。

其次，区、县级图书馆为基层民众提供了适宜的阅读环境。目前，我国大部分区、县级地区的常住民众的文化水平普遍较低，既没有在过去的时间内养成阅读习惯，在当下的生活工作压力下也没有足够的时间进行阅读。区、县级图书馆能够为他们提供丰富的资源和适宜的环境，针对当地群众的需求进行专业的服务，只要图书馆的阅读环境能够吸引群众走进图书馆，就要有大量的高知识性和高趣味性的图书可供阅读，这在相当大的程度上能够满足区、县级地区民众的阅读需求。

最后，区、县级图书馆改变了“阅读”的角色形象。以往提到读书，人们会不自觉地联想到学校教育中的埋头苦读，全民阅读活动的推广正在努力扭转人们的这种观念。区、县级图书馆让基层民众看到了“读书”的另一个样子，在一个舒适的环境中，通过阅读自己感兴趣的图书来提高自身的文化水平，增加知识储备，让自己的生活更加丰富有趣。从这个意义上来讲，区、县级图书馆为全民阅读的推广奠定了良好的基础，作出了重要的贡献。

3．区、县级图书馆在全民阅读活动中的发展

区、县级图书馆在未来全民阅读活动的推广中依然要扮演着非常重要的角色，其自身的建设也要不断地加强。

首先是数字图书馆的建立，这是区、县级图书馆未来发展的必然趋势。数字化图书馆能够让读者从不同的渠道进行阅读，通过数字化手段将物质的图书资源转化为数字的社会资源，并且通过信息化手段使图书馆的读者服务功能逐渐拓展为社会服务功能，使区、县级图书馆在民众中树立起一个立体化的文化功能形象，在提高民众阅读的数量和质量的同时，加大全民阅读的推广力度。

其次是进一步将阅读行为细化。阅读行为的进一步细化就是在“阅读”这个行动目录之下发展出多元化的阅读相关的活动，让“阅读”不再仅仅局限于“读”，也可以是更加有趣味性的形式多样的阅读活动，比如在节假日举办朗诵比赛、故事会、知识讲座、主题演讲、主题展演等高质量的阅读衍生活动，这样对阅读行为进行细化以后，图书馆的自身管理水平和服务水平也将得到大幅度的提升。

最后是服务质量的不断提升。区、县级图书馆服务水平的高低和服务质量的优劣直接决定着全民阅读活动能否在区、县级地区顺利展开。提升图书馆的服务质量，需要图书馆方面与社会力量的共同努力，一起强化宣传力度，鼓励民众参与到图书馆举办的阅读活动中去。这其中少不了政府的支持力量，也少不了社会团体的支持力量。此外，要提高读者服务质量，图书馆还要对当地读者的阅读习惯和阅读兴趣有较为全面地了解，制订有针对性的采购计划和活动安排，为全民阅读质量的提高奠定良好的基础。

阅读对每个人来说都是提升自身知识水平和综合素养的有效途径，加强区、县级图书的建设能够保证区、县级地区全民阅读活动的深度推广，为全民阅读时代的广大民众提供便利的阅读条件。

二、区、县级图书馆在学习型社会中的影响力

（一）学习型社会的内涵及特征

1．什么是学习型社会

学习型社会的概念产生于20世纪60年代，学习型社会就是通过个体社会成员养成终身学习的习惯，从而在全体社会成员中形成一种共同学习、不断学习的社会风气，进而建立起能够促进和保障共同学习和终身学习的配套机制，并且不断地发展和完善。学习型社会的概念提出以后受到了世界上多个国家政府的认同，很多政府都开始着手于本国学习型社会建设的实践。[1]

学习型社会是一种新型的社会模式，其本质是帮助社会成员建立起普遍化的学习意识和社会化的学习行为。在经济全球化深度发展的时代，人类要适应时代的发展就必须突破受教育的时限限制，将短期的学校教育延长为终身教育，这样才能跟上当今时代经济、技术、文化的发展脚步，因此，为社会成员提供多样化的社会教育服务体系，让每个社会成员可以根据不同阶段的自我发展意识自主作出学习选择，全面提高公民自身素养，成为世界各国发展的主要内容之一。[2]

2．学习型社会的特征

（1）终身性

学习型社会中的全体社会成员都具有终身学习的观念。受教育对于社会个体来说是一项基本权利，学习则是一种具有更高主动性和自主性的现实需求和精神需求。在知识经济时代，人们不断地学习、不断地更新完善自身的知识结构是社会发展的要求，不断地学习才能适应时代变化，提升个体能力和技能，

[1] 米云凤，史亚飞．学习型社会与内蒙古特色终身教育体系构建初探［J］．前沿，2012.

[2] 徐冰娟．公共图书馆在学习型社会建设中的特殊价值［J］．兰台内外，2020.

使社会交往具有更高的效率，最终实现个体价值，满足事业发展的需求。

（2）多元性

社会是由需求多样化的个体成员组成的，人们的生活方式和习惯、文化水平和道德素质、价值观念和习俗信仰都有所不同，在这样多样化的社会群体中开展普及式社会教育活动，其学习内容是与社区生活息息相关的，而且始终呈现出一种动态变化更新的趋势，因此它并不是单一的、静态的。除了知识性的内容，人们对常识性的、经验性的、艺术性以及社交文化等学习内容也有着大量的需求，这些需求使学习型社会的学习内容体现出高度的多元性特征。

（3）网络性

“互联网+学习”是现代信息技术高速发展的必然结果，是互联网时代的主要学习方式之一。学习型社会在互联网时代的一个突出特征就是网络性，数字化的服务平台、社区学习空间、海量学习资源以及智能化手段的高效交流，使学习不再受到时间、空间的限制，网络成为打造“无处不在”的社会教育的必要的、重要的手段。

（4）互动性

当前，无论是正式的社会教育培训还是非正式的自主性社会学习，都在向着多层面、多维度的方向发展。学习型社会中的成员处于不同的年龄层，有着不同的受教育背景和地域文化背景。社会成员之间通过学习产生彼此联系，能够实现互相帮助、互相促进，有助于在社会成员之间营造出一种个体与个体之间、群体与群体之间的互动氛围，形成一个相对稳定的互相依存的学习圈，有效地减少民众心理的孤独感和困惑感，缓解社会矛盾。

（5）持续性

学习型社会的学习内容是持续更新的、动态连续的，人们渴望通过学习丰富自己的知识结构、改善自身的精神世界和生存状况、开阔自己的视野，以更好地适应高速发展的时代。社会成员时刻更新自己认知的深度和广度是建立学习型社会的基础。对于社会个体而言，持续性的学习是实现个体成长、加快适应时代需求的唯一途径，只有持续地保持学习热情和能力，不断地提升自身素养，才能更好地体会到社会的进步，并在其中找到归属感，从融入社会到参与社区治理，都是持续学习的结果。

（6）社会性

学习型社会具有高度的学习场域社会性特征。每个社会个体都有其熟悉的生活空间，这个熟悉的生活空间，就是社会个体发生社会学习过程的场域，场域可以是一个物理空间，也可以是一个精神世界。对于学习行为所产生的场所，无论是物理的还是精神的场域，都具有社会性，人们在这个场域内能够感知到学习群体的存在与互动，学习的过程、学习的成果以及学习之后自身的变化都能够被人真实地感受到。当社会个体的语言、思想、行为打破时空限制产生联结，学习行为的社会性特征就产生。

（二）区、县级图书馆在创建学习型社会中的价值与意义

区、县级图书馆作为一种公共图书馆，它对区、县级地区的全体民众提供无差别的服务，这样的具有高度普遍性和均等性的知识服务与信息服务具有非常广泛的包容性。读者不受年龄、职业、社会地位和民族宗教的限制，他们可以自由自主地在图书馆内获取信息，阅读学习。区、县级图书馆为学习型社会在区、县级地区的创建提供了一个平台。

图书馆为民众提供的知识信息服务是免费的，这极大地增强了它的使用效率。区、县级图书馆免费为区、县级地区的民众提供优质的知识服务和信息资源服务，不仅使自身的吸引力得以提高，还有效地承担起了区、县级地区文化知识的传递与扩散的社会责任，为学习型社会的创建提供了丰富的内容支持。

图书馆所提供的文献资源服务，是每一个社会成员进行终身学习和汲取知识的重要渠道，是实现文化在社会成员之间的传递以及产生实践价值的重要保障。区、县级图书馆是区、县级地区人民紧跟时代提升自己的保障，是吸引并带动区、县级地区人民群众积极参与时代建设和社会竞争的重要力量，为学习

型社会在区、县级地区的创建提供有力支持。

区、县级图书馆在创建学习型社会过程中是具有先发优势的，它所服务的基层民众就是社会中最广泛的一个群体，区、县级图书馆为读者所提供的知识信息资源也与学习型社会“全面、持续、广泛”的特征互相呼应。学习型社会的学习内容是没有专业领域限制的，人们根据自己的需求选择学习内容，区、县级图书馆为基层民众提供丰富的信息资源和有针对性的知识服务，对区、县级地区学习型劳动者的产生及其知识与能力的提高起到了非常有力的促进作用。

学习型社会的一个核心概念就是终身学习，互联网和移动技术的发展使各种知识的更新速度加快，同时“碎片化”的知识也带来了一定程度的负面影响，图书馆的存在很大程度上消弭了这种负面影响。作为学校教育的延伸、补充与拓展，图书馆为人们提供了终身学习的平台和信息获取的渠道，且能够保证知识的完整和信息的真实。区、县级图书馆为区、县级地区一所“没有围墙的学校”，不设置任何门槛，为基层民众充实自己、提升自己提供了便利，具有极高的现实意义。此外，区、县级地区的公共性是与学习型社会学习内容的社会性相一致的。无差别开放真正为基层民众提供了平等学习的机会，各个阶层的人们都能够获得图书馆提供的知识信息服务，数字图书馆的建设更是实现了真正的资源共享，充分体现了区、县级图书馆的社会性，为区、县级地区学习型社会的创建奠定了基础。

（三）区、县级图书馆在学习型社会创建过程中的发展

学习型社会的建设是实现中华民族伟大复兴的发展目标之一，图书馆作为文化服务的重要组成部分，在建设学习型社会的过程中所起到的作用是非常积极的、极为有利的、不可替代的。图书馆公平地为全体民众提供服务，引导民众树立终身学习的观念，为学习型社会的创建提供支持。在未来的发展中，随着我国学习型社会建设的全面普及，区、县级图书馆的发展也呈现出全新的发展趋势。

首先，区、县级图书馆将树立起新的管理理念，用更加先进的管理更高地满足民众日益增长的需求，通过更好的读者服务吸引更多的读者走进图书馆。区、县级图书馆在未来一段时间发展，必然是通过调整服务时间、放宽入关条件、改善基础设施、制造阅读氛围等管理手段来扩大读者读题，使馆藏资源得到更加充分合理的运用。

其次，区、县级图书馆的基础设施需要大规模的更新。馆藏数量、借阅设备、阅读环境等都属于一个图书馆的基础硬件设施，这些设施可以说是图书馆的门面，是读者是否选择进入图书馆的关键因素，也是一个图书馆给读者留下良好印象的重要手段。区、县级图书馆要在馆内设置改善上增加投入，让读者能够在一个适宜的环境中体会到阅读带来的愉悦感受。

再次，区、县级图书馆的信息化建设要与时俱进，尽早实现信息化和数字化建设，在优化和完善电子阅读和网络服务方面加大资金投入，通过数字化图书数量的增加来弥补营业时间和服务人员方面的不足，为区、县级地区的广大人民群众创造更加便利的阅读、交流平台，实现馆藏图书资源的全面共享。

最后，区、县级图书馆要进一步丰富社会教育形式，根据当地群众的实际需要来对图书馆的馆藏读物进行补充，满足新时代读者越来越多样化的学习需求和阅读需求。推广多元化的阅读形式，利用音频、视频、VR 等新媒体技术让纸质图书活动起来。为读者举办科普展览、专家讲座、展出展演等活动，让基层民众与新知识和新技术近距离交流。也可以组织一些文化活动，让普通读者直接参与进来，在图书馆和读者之间形成一个互助提升的良好局面。

创建学习型社会是时代发展的趋势，也是我国实现中华民族伟大复兴的目标之一。图书馆作为学习型社会创建的信息整合与传播基地，发挥着不可替代的作用。区、县级图书馆要抓住学习型社会建设这个契机，积极主动地融入时代潮流中，充分发挥自己的优势，实现在学习型社会进程中的可持续发展。

第二章

区、县级图书馆的发展现状

目前，我国区、县级的图书馆正面临着前所未有的发展机遇，作为公共图书馆体系的终端环节，区、县级图书馆的主要服务对象也是基层社会民众，因此加强区、县级图书馆的建设，对于我国社会服务体系在基层社会的顺利建成是有着非常重要的现实意义的。

首先，区、县级图书馆是地方上大量地区性文化历史、风俗风物等文献资料的主要保存场所，很多高校图书馆或大型公共图书馆中查询不到的文献资料，都保存在区、县级图书馆，特别是关于一个地方的发展沿革或气候变化等方面的文献资料，这些资料作为“文献”虽然没有很大的借阅量，但是对于地方政府制定发展规划是具有重要参考价值的。[1]

其次，区、县级图书馆作为我国公共图书馆体系的一个重要部分，它的数字化建设是我国文化信息共享工程建设必不可少的一个环节。区、县级图书馆在基层文化服务体系中上接上级图书馆，下乘发挥乡村文化站、社区书屋等基层文化服务机构，有着非常重要的承上启下的作用对于我国构建全国性的、高覆盖性的文化信息共享工程网络具有十分重要的意义。

最后，区、县级图书馆也是我国文化惠民工程的一个重要试点，区县地区人口在我国的人口分布中占有很大比例，且整体文化水平相对不高，区、县级图书馆直接服务于广大城镇居民，有着非常广泛的群众基础，有助于我国图书

[1] 王廷梅．经济欠发达地区、县级图书馆现状及发展对策研究［J］．黑河学刊，2019.

馆事业整体的可持续发展。对于我国图书馆人才队伍的建设来说，区、县级图书馆也具有重要的作用，因为它的数量之多、分布之广、读者群体之大在我国公共图书馆体系中都是屈指可数的。区、县级图书馆积累了大量接待基层读者群体和处理相关问题的经验，区、县级图书馆人才的培养对于提升我国整体公共图书馆人员素质具有重要作用。尽管区、县级图书馆的位置非常重要，所起到的作用也非常关键，但是从当前我国区、县级图书馆的具体工作情况来看，仍然存在着许多不足，对于完全满足广大读者日益增长的、日益多样化的阅读需求和精神文化需求仍有很大的差距，存在着诸多有待改进的地方。

一、发展观念较为滞后

发展观念滞后是当前区、县级图书馆发展建设中的一大阻碍，很多建设中遇到的困境和难题最终都可以归结到观念的落后上。[1]发展观念的落后主要体现在以下几个方面。

（一）管理模式落后

相对于公共图书馆体系的其他环节来说，目前区、县级图书馆的管理方面存在着较多的弊端，无论是从管理理念来看还是从管理方式来看都落后于时代的发展，严重的甚至有违我国图书馆管理制度，连基本的、规范化的图书管理都难以实现。种种管理弊端之下，很多区、县级图书馆根本无法满足读者的阅读需求。

首先，从管理制度上来说，很多区、县级地区的图书馆的管理制度都过于粗糙，规章制度和管理机制都经不住仔细推敲，漏洞百出，在图书管理的实际工作中起不到指导作用，甚至会导致工作僵化，无法灵活应对实际工作中出现的各种问题。我国经济的发展和社会结构的变化，信息化建设的广泛开展，很多区、县级图书馆在这种广泛建设、高速发展的背景下并没有跟上社会公共文

[1] 生陶．如何转变经济发展方式加快公路经济发展［J］．中国经贸，2011.

化服务体系的建设，在管理模式上仍然故步自封、因陈守旧。不求新、不求变的一味遵循传统是无法适应时代发展的需求的。

其次，很多区、县级地区的图书馆在管理中并没有遵循专业的图书管理理论及相关知识，不仅制度观念落后，效益思维也十分落后。大部分区、县级图书馆的管理者都没有考虑到经费的投入与图书馆所提供的服务之间投入和产出的关系，在成本控制和效益监管方面基本上处于空白状态，这种管理思维上的缺位直接导致了政府为区、县级图书馆投入的建设经费得不到合理的运用，满足不了基层民众的文化发展需求。管理漏洞导致的区、县级图书馆发展困境不仅体现在馆藏资源的难以扩充上，有针对性的资源服务更是迟迟开展不起来，这些问题导致区、县级图书馆对读者吸引力低，读者不进馆或者留不住的问题难以解决，一些地区的区、县级图书馆基本上没有读者流量，可持续发展能力基本为零。

（二）阅读推广力度弱

除了管理方面的因素以外，宣传力度不够也是导致区、县级图书馆发展陷入滞后状态的一个重要原因。在我国大部分区、县级地区，由于地方政府的财政支持不同，图书馆的推广力度也有所不同，但是即使在政府财政投入相对较多的地区，图书馆的阅读推广力度与一些发达地区的公共图书馆相比还是存在着较大差距的。图书馆的阅读推广力度越强，民众对于图书馆的认知程度就越高，很多区、县级地区的图书馆所做的宣传只是在政府相关部门的办事窗口或政务网站上进行，这些渠道对于普通百姓来说并不是信息来源的主要渠道，无法在群众中产生影响。缺少影响力的宣传会给区、县级图书馆的阅读推广活动带来很大的阻力，群众无法得知活动的详细信息，即使看到了图书馆正在举行的活动，也无法提起参与进去的兴趣，这不仅影响到能够参与到活动中来的读者数量，也无法达到图书馆举办活动想要达到的预期效果。

（三）服务理念过时

图书馆虽然属于社会文化教育体系，但是其主要工作内容是为读者服务，因此可以说，服务是图书馆工作的核心内容之一。当前我国区、县级图书馆的服务理念是较为落后的，很多地区的图书馆的服务人员甚至完全没有服务意识。区、县级地区的图书馆由于规模较小，政府的财政资金支持也不充足，再加上多数区、县级图书馆在管理上仍然遵循传统的管理方法，因此能够为读者提供的服务手段单一、方式落后，有的工作人员只是在机械地完成自己的工作，没有学习意识，也没有创新意识，导致区、县级图书馆的日常工作效率非常低下。即使区、县级图书馆的硬件设备实现了信息化更新，如果没有先进的服务理念和服务方式，那么这个图书馆也只是处于初级发展阶段，很难使读者的需求得到满足。

近年来，随着我国社会教育体系的逐步完善，地方财政也加大了对于阅读推广的投入，自动化的管理系统与借阅设备在很大程度上强化了区、县级图书馆的管理工作，加强了防盗监控的能力，提高了日常工作效率，但是在服务意识的培养方面仍然有所欠缺。图书馆作为公共文化机构，无论时代如何发展，都是社会和民众需要的社会服务机构，为读者服务是图书馆的使命所在。要在新时代实现自身发展，区、县级图书馆就要紧跟时代，主动改变传统的、被动的服务理念，以读者的需要为出发点，为读者营造适宜的阅读环境，让读者在阅读中产生轻松愉悦的感受，同时提升图书馆工作人员的服务技能，加强人工培训，让工作人员熟悉信息化设备，并能够积极热情地为读者提供使用指导，促进图书馆的不断发展。

（四）数字化程度不高

信息化技术在当前社会各个领域内都已经进行了多年推广，各行各业都在积极开展数字化建设，“互联网 +”也已经在多个领域内取得了令人惊喜的成果。然而在这种情况下，很多区、县级图书馆的数字化程度却并不高。政府的资金支持不到位、发展意识不足、创新精神缺位、读者流量低等都是导致区、县级图书馆信息化发展滞后的原因。当前很多区、县级图书馆也在积极响应国家推广全民阅读的号召，但是在进行阅读推广的过程中，多以纸质书籍为阅读载体，数字化的阅读内容却并不多见。

互联网技术和移动终端技术的发展早已让人们对网络内容和数字化产品产生依赖，网络化的碎片化阅读也早已成为人们的主要阅读方式。区、县级地区的图书馆由于数字化建设缓慢，数字化资料严重不足，这已经成为图书馆做阅读推广的一大障碍，人们在没有时间沉浸在图书馆的物理空间内阅读时，却没有进行电子阅读的途径，这是区、县级图书馆无法吸引大量读者，造成阅读率持续下降的重要原因之一。相对于碎片化信息来说，图书馆能够提供给读者更加全面完整、更加真实可靠的知识和信息，阅读这样的资料能够在很大程度上避免因为碎片阅读带来的断章取义，或者是由于不实信息带来的误解，因此，数字化图书馆建设不仅是我国信息化社会建设的一个重要组成部分，也是全民阅读推广的一个关键性举措，对我国社会教育服务体系的建立和全民阅读活动推广的开展都起到非常重要的促进作用。

二、建设经费不足

经费问题是区、县级地区图书馆发展迟缓的一个重要原因。任何建设都离不开充分的资金支持，没有足够的经费，建设将变得举步维艰。我国大部分区、县级图书馆都面临着经费短缺的问题，体现在以下两个方面。

（一）财政资金投入不足

区、县级图书馆是政府财政支持的公益性事业单位，服务对象是基层群众，以满足他们的文化需求为主要运营目的，区、县级图书馆的运营经费完全依赖于当地政府的财政拨款，因此，当地经济的发展程度，政府财政资金是否充足就成为区、县级图书馆有没有钱的一个决定性因素。有的地区经济发展相对较好，政府资金充足，能够按照发展需要给图书馆拨款，但是大部分地区政府经济能力有限，划拨给图书馆的财政资金就相对较少，只能保证图书馆日常办公费用以及工作人员的工资支出，对于图书馆的基础设施改造和突出采购预算则显得心有余而力不足。当然，也有的地方政府对于图书馆的发展没有给予充分的重视，不仅资金上没有足够的投入，对区、县级图书馆的发展在政策上也没有倾斜。

很多县级图书馆的发展困难问题都集中在文献量少、文献陈旧、新书比例低等方面，而这些问题归根结底都是经费不足导致的。伴随着区、县级地区经济的不断发展、信息化建设的逐步深入以及我国社会教育服务体系的不断完善，我国大部分地区的区、县级图书馆中的藏书和文献显然已经无法满足基层人民群众的阅读需求和文化需求了，但是由于图书馆本身的建设没有跟上，陈旧的设施和运营管理模式对新时期的群众来说毫无吸引力，不仅不能吸引新的读者，还会逐步流失老读者。如果长久保持这样的状态，没钱搞建设和低读者流量就会成为一种恶性循环，最终导致根本发展不起来的区、县级图书馆彻底关门。另外，在大部分区、县级地区，社会资本与政府之间的联系并不密切，对于用于公共文化事业的投入并不大，用于区、县级图书馆建设的投资可以说少之又少，没有政府的财政支持，也得不到社会资金力量的支持，图书馆想要做出较大的改善是举步维艰的。

（二）建设资金使用不当

在国家大力发展文化服务体系建设和全民阅读活动广泛推广的大背景下，很多地方政府已经有针对性地加大了对区、县级图书馆的财政资金的投入，用来支持区、县级图书馆的发展。但是由于很多区、县级图书馆长期处于传统事业单位的固化管理模式，发展思维僵化，对于政府投入的经费使用缺乏管控，盲目采购的现象导致很多经费被滥用，政府投资的预期价值基本无法实现，区、县级图书馆所面临的问题不但没有得到根本性的解决，还产生了新资源浪费情况。举例来说，购书经费短缺是大部分区、县级图书馆普遍存在的问题，有些地区的区、县级图书馆购书经费甚至没有被列入年度财政预算。

在经济快速发展时期，基础硬件设施的改善往往被当成重中之重，大部分的资金也都流入硬件的更换上，而在软件资源上的投入则多有不足。许多区、县级图书馆在拿到政府的财政资金之后都开始大力改造硬件设备，在环境的改善上下了大功夫，但是藏书不足和服务效能低下的问题则没有得到重视。区、县级图书馆本身的底子薄，如果不在资源上做足够的铺垫，就会导致后续发展的无力。虽然现在图书市场不是十分景气，但是更新换代的速度也很快，加上折旧和磨损，长久不更新不仅会使馆藏总量发展不起来，还会导致馆藏总量的下降。很多区、县级图书馆虽然拿到了政府的财政投入，但是常年只订阅报刊而没有新书购入，或者只要极少量的新书购置，馆藏增长的数量非常有限。除此之外，在国家开始实施的文化资源共享工程中，图书馆免费开放成为文化资源共享的一个重要举措，国家和各级政府也为各区、县级图书馆拨付了专门用于免费开放的资金，这些资金可以用来开展图书服务，以便于图书馆为群众提供更好的资源共享服务，国家相关部委对于这些用于图书馆免费开放的配套资金是有相应要求的，但是有些区、县级图书馆还是没有得到配套资金的投入。

三、资源闲置较为明显

（一）馆藏资源重藏轻用

图书馆内已经编目的图书、期刊、报纸、光盘、录音带及微缩制品等都属于馆藏资源。我国经济发展的不均衡导致东、西部不同区域的区、县级图书馆的馆藏均量差异较大，西北部地区受经济原因影响，区、县级图书馆的馆藏资源总量普遍较低。而一些区、县级地区的图书馆在资金和人员数量都比较匮乏的情况下，文献固定下架周期长达半年以上，有的图书馆甚至都没有固定的文献下架周期。馆藏资源是一个图书馆能够持续发展的物质基础，无论是满足读者的阅读需求还是开展其他形式的读者服务，都要以馆藏资源的合理运用为前提，崭新的图书确实是吸引读者的有利因素，但是合理地对那些看起来是“旧的”，却有着丰厚的历史渊源的馆藏资源进行合理运用，也会在很大程度上引起读者的兴趣。

从馆藏内容来看，区、县级图书馆的馆藏资源偏向于正式出版物、现成文献、地方人著作和纸质书籍，对非正式的出版物、能够反映地域文化的老旧书刊和那些拍摄、记录的资料以及数字化载体的文献资源都不太重视，这就导致了区、县级图书馆的馆藏资源过于单一，而且并不能较好地实现文献的流动性。即使有些地区的图书馆中收藏有较为珍贵的地方文献资料，这些资源也往往被束之高阁，被当作“稀缺资源”保护了起来，普通的读者对它们敬而远之，真正需要查阅这些资料的人又往往找不到一个便捷的借阅途径。再加上很多地区的图书馆工作人员的专业素养不够，不能科学系统地对这些馆藏资料进行整理和开发，又不能实现数字化建设的对接，因此这些珍贵的馆藏资源往往无法体现出其真正的价值，没有读者借阅率，没有社会利用率，自然更谈不上什么影响力，完全体现不出图书馆应该具备的服务宗旨。

（二）采编体系不完善

区、县级图书馆是事业单位，图书馆的工作人员也都属于编制内人员。区、县级图书馆没有自主经营权，也没有自主招聘权，区县地区的很多事业编制分配给了其他职能部门，导致图书馆普遍人手不足问题的出现。当前很多区、县级地区的图书馆的采编人员都是身兼数职，有的图书馆甚至没有设置专门的采编人员，同时一些调查结果显示，很多区、县级图书馆的采编人员年龄都在 40 岁以上，呈现出明显的老龄化趋势。这部分馆员除了年龄较大缺乏活力和创新意识以外，基本上不具备图情专业背景，他们的工作长久处于传统的管理和服务模式的框架之下，缺乏现代化的图书馆管理理念，因此区、县级图书馆由于采编人员素质不高，造成了大量的重复采集而导致的资源闲置。还有的区、县级图书馆因为缺少专业的采编人员，馆藏图书从采编到分类上架全部外包给了书商，使得文献编目加工质量参差不齐，给检索和查找资料造成了很大的困难，很多文献资料被放在不适合的编目之下或者没有出现在编目之中，它们以一种“隐形”的状态存在于图书馆的某个角落，无意中就被闲置了起来。

区、县级图书馆的馆藏资料之所以有大量的闲置，内容的不充实和不落地是一大原因。很多图书馆由于接受了社会捐赠，为地方人士设置专藏专架，并按照一定比例计入馆藏总量。地方人著作虽然是区、县级图书馆馆藏的一个重要组成部分，但是在一定程度上会稀释馆藏资料的流量，所以一定要控制好地方人著作在馆藏总量中的比例。充实馆藏内容能够非常有效地解决图书馆资源闲置的问题。

区、县级图书馆没有足够的资金购买珍贵的古文献，但是对非正规出版物给予重视，如地方上的家谱、族谱，旧报纸、旧杂志，这些都可以作为特色馆藏内容提供给读者，让读者从一个独特的角度了解到当地的历史文化渊源和社会的多个侧面。此外，采集途径太少也是区、县级图书馆采编体系里的一大难题。很多区、县级图书馆由于种种原因，图书采编局限在购买和被动地等待捐献这两种途径，这使得区、县级图书馆的图书采编不具有延续性。其实图书馆可以通过新型资源采集和数字化建设的途径扩大馆藏内容，采用音像、音频等手段将各界名人的经历、见闻编入编目，或者加强数字化信息的共享建设，通过这些手段来丰富馆藏内容，让图书馆的馆藏文献在读者中流动起来，在最大程度上避免资源闲置的问题。

四、馆藏图书质量下降、图书更新频率低

近年来，随着我国社会文化服务体系的不断发展和完善，公共图书馆的藏书量也在稳步增长。相关统计结果显示，2019 年我国全国公共图书馆图书总

量已经达到 111781 万册，比 2018 年增长 7 个百分点，全国人均图书藏量达到了 0.79 册，比 2018 年增长了 0.05 册。在一些规模较大的省、市级图书馆，藏书总量早已达到了国际图联规定的标准，但是根据相关统计，全国区、县级图书馆人均藏书量较十年前的 0.1 册并没有太多增长，还远远达不到国际标准。

区、县级图书馆馆藏数量有限，其原因是多方面的，其中较为重要的一个原因就是资金不足，大部分区、县级地区政府的经济能力有限，划拨给图书馆的财政资金相对较少，只能保证图书馆日常办公费用以及工作人员的工资支出，没有过多的预算用来增加馆藏图书。区、县级图书馆因为长久以来在当地社会的存在感不高，社会资本对图书馆的投资也基本上没有，其他社会捐赠在图书馆的馆藏文献总量上的影响也不大。很多县级图书馆的发展困难问题都集中在文献量少、文献陈旧、新书比例低等方面，而这些问题归根结底都是经费不足导致的。

数量上不去，质量自然没有保障。区、县级图书馆的馆藏图书除了存在资源数量不充分的问题，在资源种类以及更新速度上的问题也十分突出。相较于经济发达的城市地区，区、县级地区的群众受教育程度普遍偏低，区、县级图书馆由于资金不足等各种原因每年采购的图书无论是在种类上还是在数量上都十分有限，加上可供借阅的图书都更加倾向于通俗性和实用性，这导致了区、县级图书馆馆藏书籍内容单一又缺乏特色，新书购入较少更是使得图书馆的藏书整体上看起来陈旧。一些地区的图书馆的文献固定下架周期长达半年以上，有的图书馆甚至都没有固定的文献下架周期，从馆藏图书这样一个长久“不动”的状态就可以看出，区、县级图书馆的图书更新频率非常低，而图书馆藏书质量的下降就是这种低更新率带来的一个必然结果。很多区、县级地区的图书馆工作人员的专业素养不够，既不能科学系统地整理对已有馆藏图书进行整理和开发，又不能全面考虑当地群众的阅读需求，比如不能根据年龄差异、城乡差异、教育背景差异等丰富馆藏图书结构，也没有考虑到青少年儿童、留守妇女等特殊群体的阅读要求，由此导致图书馆的图书借阅率低、社会利用率低，人们的阅读需求得不到满足，图书馆的“为读者服务”的服务宗旨也完全没有体现出来。

时代的发展让人们的生活方式发生了深刻的变革，人们的阅读方式也不可避免地发生了变化，不断更新的信息技术和智能终端的普及，让电子阅读逐渐成为主流阅读方式。在这样的发展背景下，不论是国外还是国内，高校图书馆还是公共图书馆，流量大的图书馆还是流量小的图书馆，纸质图书的借阅量都呈现出下降趋势，而电子图书的借阅则成为图书馆的主要服务方向。区、县级图书馆由于本身资源有限，发展缓慢，在电子化阅读的冲击下借阅量下降更加严重。读者数量的锐减，借阅量的下降更加降低了区、县级图书馆的图书更新频率。

要解决区、县级图书馆馆藏图书质量下降、更新频率低的问题，就要在馆藏建设中投入更多的资金，并且在阅读推广服务中加大创新力度。要充分了解当地读者的阅读需求和阅读习惯，区、县级图书馆作为公共图书馆体系的终端，如果不能精准确切地把握当地群众的阅读需求，那么在区、县级图书馆现代化建设中的科学性和有效性都无法得到保证，更是做不到有针对性地为读者服务。根据相关分析和调查，当前文学类、文化教育类、体育类和计算机类等方面的图书在一些区、县级地区的公共图书馆甚至存在着供不应求的现象[1]，另外，大部分图书馆的综合类图书的数量与种类的需求量也在逐年增加。区、县级图书馆为读者提供的阅读服务，首要目的就是满足读者增加自己的知识、提高自身素质的需要，所以区、县级图书馆的馆藏图书应该兼具知识性、艺术性、趣味性和实用性，区、县级图书馆作为基层社会的公共图书馆，肩负着知识传递和社会教育的职能，因此要特别突出馆藏图书的知识性和艺术性；同时考虑到人民群众的业余文化生活有着一定的休闲性和娱乐性，因此馆藏图书也要具有趣味性以发挥图书馆的休闲功能。

信息时代的人们社会需求的变化较快，对新知识的学习需求也越来越多，区、县级图书馆如果不能满足这样的需求，依旧保持图书的低更新频率，那么必然会被知识经济时代抛弃。即使是区、县级地区的人们在这个时代也普遍对

[1] 马艳平 . 浅谈新时期县级图书馆的馆藏建设［J］. 科技情报开发与经济，2010.

于高科技和外语教育等类型的图书更感兴趣，图书馆要了解当地读者这方面的需求，通过上架这类的图书来解决藏书质量下降的问题。区、县级图书馆加快馆藏资源的更新速度的另一个途径就是对图书出版信息有及时的了解，掌握了最新的信息才能及时采购新版图书，图书馆馆藏图书更新速度的加快对于图书馆的建设有着很大的促进作用，不仅基层群众有了获得最新知识信息的渠道，图书馆为读者提供了更的服务质量也会随之得到较大的提升。

五、馆员缺乏工作热情和责任心

近年来，随着社会各个方面的快速发展，我国对博物馆、图书馆、艺术馆、文化展览馆等公共文化空间的建设程度不断提高。在这种建设力度和宣传力度的影响下，人民群众的文化素质和信息素质都有了大幅度的提高，我国区、县级图书馆在这个大背景下也有了很大的发展，不少区、县级地区的图书馆旧馆都得到了改造，有的地区还建设了新馆。在硬件设施陆续更新、外部环境日益现代化的同时，区、县级图书馆工作人员的职业素质不高和服务理念缺失的问题就凸显了出来。

首先，区、县级图书馆的馆员的基本服务有待改善，因为图书馆的工作人员素质是影响图书馆发展的核心要素之一。图书馆属于事业单位，馆员也是事业单位编制，长久以来工作的稳定性让图书馆的工作人员没有任何职业危机感。特别是在区、县级地区，现代化的服务意识渗透还不够，人们对于长期稳定的事业单位工作有种潜意识的尊重，这样的环境很容易滋生傲慢的情绪，区、县级地区图书馆的工作人员对于“服务”的认识还不够成熟，甚至有不少图书馆的工作人员都在无意识混日子，很多人上班就是喝茶聊天，上网看剧，对待工作敷衍了事，对待读者态度冷淡。区、县级图书馆普遍规模不大，馆舍面积小，功能布局都会受到各种因素的局限，阅览室和读者活动区在很多情况下都不能满足读者的心理需要，如果在一些地区图书馆的地理位置较为偏僻，那么读者就会更愿意去位置更方便、环境更适宜的书店进行阅读，或者是用购买的方式来解决阅读需求。由此可以看出，图书馆工作人员缺乏专业素质严重地制约了区、县级图书馆的发展。这种情况下，工作人员热情周到的服务态度就是图书馆对读者最大的吸引力，能在很大程度上缓解读者因图书馆不尽如人意的客观条件产生的不满心理，也能让区、县级图书馆更大地发挥出它的服务效能。

其次，当前我国的公共服务体系并不完善，很多区、县级地区由于诸多原因并没有建立正式的公共图书馆，而只设立了市级图书馆的分馆。由于公共图书馆的总分馆制建设力度不够强，分馆的覆盖面积非常有限，现代化的借阅设备也基本上没有配备，读者无法享受到便捷的借阅服务，再加上分馆的工作人员也并不具有专业的图书馆管理服务知识，图书馆除了提供馆舍空间以外，基本上没有任何延伸服务，这种没有发挥服务效能的图书馆，基本上无法吸引读者进馆阅读，导致图书馆利用率不高，造成了一定程度的浪费。

再次，区、县级图书馆在信息化建设方面的滞后，导致图书馆资源建设和服务方式的变化也无法跟上人们文化心理需求的变化，很多区、县级图书馆的网络资源服务和新媒体服务效果都不令读者满意。图书馆的数字化管理变革是大势所趋，信息化设备的更新虽然耗费的资金较大，但是耗时较短，只要经费够多，短期内就能够完成区、县级图书馆图书管理和图书借阅设备的更新换代。信息化的设备需要具有信息化素质的人才来操作。信息化素质并不只是简单地学会设备操作，而是要建立起一种信息化的工作思维，能够以现代化的服务思维和服务方式为读者服务。很多区、县级图书馆的工作人员老龄化严重，对于学习新知识、新事物的主动性和接受性都不高，虽然图书馆在现代化建设中也对馆员进行过相关培训，但是效果并不理想，一是工作人员的学习积极性不高，二是很多培训内容也仅仅是流于表面，区、县级图书馆的馆员除了学会相关软件的操作方法之外，在工作动力和服务理念方面并没有太大的变化。这表现在日常工作中就是业务工作没有激情，缺乏朝气，态度冷淡，不能创造性地开展工作和解决问题。

最后，根据相关的统计数据，有的区、县级图书馆从20世纪90年代末以来就没有过新进人员，这导致一些区、县级地区图书馆的工作人员老龄化严重，由于历史原因，他们普遍学历不高，没有专业背景，即使经历过相关培训，业务水平还是跟不上技术的发展。由于年龄较大且没有专业基础，区、县级图书馆的馆员在学习新理论、新技术时往往是学得慢、忘得快，职业认可度也不高。举例来说，在全民阅读活动的推广中，区、县级图书馆也要借助于网络和各种新媒体平台进行宣传推广，很多图书馆因为实际上存在的资金短缺问题无法将这项工作外包，只能由自己的工作人员来完成。馆员老龄化严重和综合素质不过关的问题在这个时候就表现得非常明显，对数字技术运用不充分，推广文章内容质量不高、更新缓慢，虽然也戴上了“新媒体”的帽子，但是其内容对于读者或者相关专业人士来说也毫无吸引力而言，这样没有实质内容的服务对于区、县级图书馆的推广也没有起到促进作用。所以，大部分区、县级图书馆目前对读者提供的服务仅停留在基础服务层面，这成了阻碍图书馆发展的一大阻力，是区、县级图书馆加强建设过程中必须要解决的一个问题。

在加强区、县级图书馆的建设中，如果要在有限的投入中寻求最大的回报价值，就要促进馆员尽可能多地发挥主观能动性，馆员自身的专业素质的高低会对区、县级图书馆各项业务的开展和服务效能的发挥有直接的影响。信息时代的阅读需求越来越复杂，阅读方式也越来越多样化，读者对图书馆的需求已经不是单一的借阅，而是逐步向着更高级的信息咨询发展，这对图书馆馆员的职业素养和业务能力提出了更高的要求。具有专业能力的人才直接影响图书馆的业务开展质量和阅读推广活动的效果，在阅读延伸活动的举办和新媒体平台的操作上也能够更加地游刃有余。面对区、县级图书馆工作人员老龄化严重、新技术掌握能力不足的情况，图书馆应该采取积极的应对措施，要有计划地引进年轻人才，他们不仅要具有图情专业的教育背景，还应具备传播学、市场营销学等方面的知识。除此之外，对于图书馆的老员工，图书馆要定期组织他们学习必要的新知识和新技术，提升馆员的整体业务能力。区、县级图书馆不断开放的一个必然结果就是读者的多样化，面对越来越复杂的读者群体，图书馆要在树立现代化形象的同时，强化自身业务素质，提升工作热情活力，更加主动地发挥图书馆的社会服务效能。

六、借阅制度不灵活

借阅制度不灵活是区、县级图书馆发展缓慢的重要原因之一，具体体现在以下几个方面。

（一）读者服务的功利性

很多区、县级图书馆还保留了相当程度的服务功利性。区、县级图书馆的读者服务还是比较注重实际的政治经济效果，借阅权利往往更偏向于那些符合政治经济目标的人群，其他群体的借阅资格通常设置了较高的门槛。这就造成了一种图书馆是为“特权”阶级服务的印象，没有体现出公共图书馆的公平精神。一些区、县级地区的图书馆人为地设置了一些门槛，根据身份地位、工作性质、收入情况等将读者进行分类，造成了群众无法有效利用图书馆的局面。

（二）读者借阅权利小

读者借阅权利小是我国公共图书馆体系的遗留问题，当前的发展阶段，这个问题在区、县级图书馆的管理上体现得尤为明显。虽然读者在图书馆的借阅权利已经跟身份证信息绑定并缴纳了一定额度的保证金，但是一般读者能够借阅的图书或者文献资料的数量仍然非常有限，种类也会受到限制。虽然目前我国大部分区、县级图书馆的建设已经取得了一些成就，但是由于人均文献率低，所以图书馆在管理上降低读者的文献借阅权，这样才能保障普通公众的信息权。此外，重藏轻用的观念在区、县级图书馆仍然较为普遍。很多图书馆并不将图书、文献资料的流量作为标准，而是一味标榜藏书量，这就导致了图书馆在日常工作中重数量轻服务的工作方式。区、县级图书馆的评价体系还是以馆藏图书的数量和质量作为图书馆的评价标准，而没有考虑服务读者的数量和读者覆盖范围，必然会导致读者借阅权小。

（三）罚款缺乏法律依据

我国的《图书馆法》并非规范法，而是地方图书馆事业发展的引导法，且其效力在很多区、县级地区都没有充分发挥出来，区、县级图书馆的奖惩机制也十分不完善。近些年来，公共图书馆是否具有罚款权利已经成为研究人员比较有争议的地方，图书馆是否应该继续以经济惩罚作为主要惩罚方式也成为讨论比较多的问题。在我国的公共图书馆体系中，处罚规定都是图书馆自行制定的，相关的法律法规并没有明确认定经济处罚具有合法性。我国区、县级地区图书馆的借阅制度中，对于读者的处罚基本上没有借助其他法律，对于读者盗窃、故意或者非故意地损毁、丢失、延时归还等行为还是以经济处罚为主要手段，处罚之外，对于读者的思想教育并没有得到重视。从长远的发展角度来看，区、县级图书馆可以更多地采取思想教育和观念强化的教育，再辅以罚款等强制处罚措施，其效果应该会更好。

（四）公共服务精神缺失

区、县级图书馆作为公共文化服务体系的终端，应该始终遵循公平地为读者服务的社会服务原则，平等地对待所有读者。但是很多区、县级图书馆依然存在一种将服务当成了“资源”的观念，将这种“资源”提供给了那些相对强势的社会群体。社会强势群体本身就掌握着较多的社会资源，如果公共图书馆也要对这样的群体另眼相看，就完全违背了公共服务公平、平等的精神。区、县级图书馆作为公共图书馆体系的终端，面对不同的社会群体应该始终坚持平等对待的原则，随着社会的发展，还要持续针对不同群体开展个性化服务。

借阅制度是公共图书馆的正常运行和发展的保障，科学地制定借阅制度并且在日常的工作中灵活使用，对于图书馆的发展来说尤为重要。特别是区、县级图书馆，当前正处于发展建设的关键时期，借阅制度的灵活性是吸引读者的重要因素，也是图书馆可持续发展的有力保障，区、县级图书馆要树立现代化的管理理念，坚持人性化管理方针，制定并灵活地执行借阅制度，这样才能做好读者服务。

第三章

如何加强区、县级图书馆建设

图书馆作为社会文化教育的重要组成部分，是学习氛围的制造者，是培养文化素养、陶冶情操、美化心灵的特殊场所，这是任何其他社会机构都不具有的特点。加强区县图书馆的建设，能够使区县图书馆的馆藏资料和能够展示的先进文化成果不断丰富起来，用氛围感和服务为基层群众提供知识文化的补充，也能够非常有效地帮助基层群众缓解生活和工作的压力，放松疲惫的精神和烦躁的心理。加强区、县级图书馆的建设，特别是数字图书馆的建设，进一步借助现代科技手段提高区、县级图书馆对文化资源的收集整理能力和服务水平，加大公共文化服务体系的覆盖范围，也是增强基层文化渗透的重要前提。区、县级图书馆不断开放的一个必然结果就是读者的多样化，面对越来越复杂的读者群体，图书馆要在树立现代化形象的同时，强化自身业务素质，提升工作热情活力，更加主动地发挥图书馆的社会服务效能。

一、创新服务举措，提升服务效能

（一）强化服务意识，抓好基本服务

强化服务意识，大幅提高服务效能是区、县级图书馆实现可持续发展的前提，抓好基础服务是区、县级图书馆保障读者阅读需求的基本举措。

区、县级图书馆的编制配备和设施配备标准取决于当地政府的财政资金投入情况，虽然《中华人民共和国公共图书馆法》为我国各级公共图书馆的建设、管理和服务提出了规范性的指导意见，但是很多区、县级地区由于经济发展水平低，政府的财政收入很难保证图书馆的建设和项目开展，导致图书馆连基本服务都很难做好。区、县级图书馆要抓好基本服务，就要有针对性地解决图书馆在发展过程中遇到的现实问题。政府加大财政投入之外，社会各界也要加大对区、县级图书馆的帮扶力度，加大社会资金的投入，为区、县级图书馆建设提供更多的资源，包括物质资源和人力资源。上级主管部门要重视对区、县级图书馆的指导监督，定期检查图书馆的建设进度和工作情况，组织开展公共图书馆体系内各级图书馆之间的业务交流活动，帮助区、县级图书馆改善基本服务状况，评优和惩戒都要到位。保证监督反馈渠道畅通，为群众搭建多渠道反馈机制，让群众能够自由表达对图书馆的建议和意见，以鼓励区、县级图书馆强化服务意识，强抓基本服务。

区、县级图书馆在建设过程中要重视内容建设，保障图书馆内的内容资源充足、丰富，为读者提供多样化的选择和更加吸引人的产品服务。区、县级图书馆要尽可能避免闲置性资源浪费和重复建设，对图书馆内的馆藏文献资源进行有效统筹，达到服务效能最大化。提高馆藏图书的社会利用率，让书籍流动起来，到读者中去。比如，建立流动图书馆，将“藏”在图书馆的图书资源分散到社会中去，把图书馆的读者服务工作延伸到外边去。此外，区、县级图书馆还要帮助下级单位实施政府的惠民项目，设立下级服务点，在更大的范围内统筹整合文化资源，搭建区、县级图书馆服务网络，形成网络式的服务延伸。

区、县级图书馆承担着保障基层群众基本文化权益的重任，在区、县级地区传播文明、推广阅读是它的职责。图书馆要通过具有创新意识的活动来引导群众走进阅读的世界、感受阅读的魅力、享受阅读的乐趣，人们在真正形成阅读意愿、养成阅读习惯以后才更加愿意走进图书馆。这个过程是渐进的，是通过图书馆人的不断努力实现的。社会上存在着很多阅读意愿高但是并不知道什么是有效阅读的人，包括那些还没有学会怎么阅读的人，都是图书馆潜在的服务对象。区、县级图书馆的工作人员如果愿意并热心地帮助他们选择合适的读物，并通过读书会、读书沙龙等活动为他们的阅读提供指导，让他们逐渐学会如何选择有价值的读物以及如何做有效的阅读，最终养成良好的阅读习惯。对于老人、儿童、残障人士等社会弱势群体所面对的阅读困境，图书馆可以通过线上订阅、送书上门、诵读等阅读推广活动帮助他们克服阅读障碍，在阅读中感受到社会的关爱。区、县级图书馆要始终坚持“以人为本”的服务理念，为广大读者提供公平、平等的阅读服务，要特别将社会弱势群体纳入服务范围之内，为留守儿童、空巢老人等特殊群体提供有针对性的服务，积极开展针对弱势群体的心理咨询、心理疏导工作，为他们提供合适的图书，开设具有指导意义的服务。

为读者营造良好的阅读氛围是图书馆的基础工作之一，读者对图书馆的主观感受有很大一部分来自阅读氛围。友好的环境能够吸引更多的读者走进图书馆，馆员态度谦和、热情周到的服务是激发读者阅读兴趣、拉近读者距离的必要条件，正因如此，区、县级图书馆的工作人员要强化服务意识，抓好基本工作，积极主动地与读者沟通，发扬创新精神，在提高自身的工作能力的同时使图书馆的服务质量和服务效能实现整体提升。

（二）关注未成年人成长，深化弱势群体服务

阅读活动是人类获取知识和信息的一个重要途径，每个人的成长过程中都离不开阅读，特别是处于快速成长期的少年儿童，书籍不仅能帮助他们增长知识，还是他们认识世界的一个窗口，有意义有价值的阅读能够帮助少年儿童树立积极向上的世界观和价值观。公共图书馆作为社会文化服务体系的一个重要环节，作为人民实现终身教育的一个重要场所，肩负着推广少年儿童阅读的责任。区、县级图书馆作为基层社会的文化服务机构，应该在关注未成年人成长方面发挥作用，增强服务质量，让区、县级地区更多的少年儿童能够感受书籍带来的乐趣。

目前我国的未成年人阅读存在着很多问题。

首先是优秀的未成年人阅读资源不够充分，我国庞大的未成年人群体有着极高的阅读需求，目前市场上虽然有着琳琅满目的青少年儿童读物，但是质量参差不齐，即使是一些世界著名儿童文学作品的不同版本之间也存在着较大的质量差异。经济的快速发展使社会上急功近利的风气也渗透到少年儿童读物的出版行业，一些未成年人读物也难免沾染上了市场化风气，一味追求经济利益，对于内容和质量的把关不够。未成年人和家长在选择阅读资源时需要专业的指导，才能尽可能地避免或者减少不良读物给未成年人带来的负面影响。特别是在经济不太发达的区、县级地区，很多家长对未成年人的阅读上基本没有投入，导致很多少年儿童能够接触到的优秀的阅读资源十分有限，甚至面临着无书可读的困境。

其次是应试教育的整体环境导致了少年儿童的课外阅读总量严重下降，很多未成年人的业余时间都被课业占用，课外阅读时间少之又少，加上家长对于课外阅读的重要性没有正确的认识，在升学与就业压力不断增加的环境中，用功利的眼光看待课外阅读，导致少年儿童课外阅读的数量和质量都不高。

最后是当前的少年儿童阅读领域缺少必要的阅读心理指导，除了在数量上和质量上有所要求，少年儿童在阅读过程中是存在许多问题的，比如很多孩子没有足够的判断力来判断读物的价值，也没有足够的自制力和意志力来让阅读行为发展为习惯。当前社会上追求娱乐消遣的风气盛行，很多阅读材料以惊险刺激为卖点，导致未成年人中跟风阅读的现象严重，处于青春期的未成年人的猎奇心理往往会被一些不良读物吸引。

在当前家庭阅读环境和公共文化设施严重缺失的情况下，网络阅读悄然兴起，但是网络阅读对未成年人有着较大的负面影响。网络阅读资源信息的数量庞大，形式多样化又善于吸引眼球，再加上网络阅读的资料碎片化越来越严重，内容真假不辨，质量良莠不齐。这样的网络阅读环境让很多未成年人都失去了阅读方向，在那些形式比较刺激的东西上浪费了太多时间。这些都是社会公共文化服务场所少，文化服务设施有限导致的结果，区、县级地区家长普遍对于未成年人的阅读意识不高，少年儿童的阅读积极性在多方面的忽视下很难培养起来，更不要说将阅读行为固定成为习惯。

关注未成年人成长，深化弱势群体服务是区、县级图书馆加强建设的重点内容之一。区、县级图书馆要对当地少年儿童图书消费市场做充分的调研，了解当地未成年人的阅读意愿和阅读需求，以及未成年人家长的心理期待，根据调查结果进行有针对性地馆藏资源调整，使少年儿童在图书馆有书可读，同时加强少年儿童阅读资源的采购力度。[1]区、县级图书馆在全民阅读推广的过程中要重视未成年人阅读的推广，通过多方面的活动和举措来激发青少年儿童的阅读兴趣。区、县级图书馆要发挥自己的专业性，为未成年人挑选值得阅读的书目，并积极利用各种宣传平台为当地少年儿童做好优秀读物的推荐和导读工作。区、县级图书馆还要定期组织主题书展或者主题阅读活动，通过有趣的活动来激发孩子们的阅读积极性，帮助家长认识到未成年人有益阅读的重要性，并且为家长和孩子们提供有效的阅读方法，帮助他们在家庭环境中将阅读培养成良好的行为习惯。网络时代的青少年儿童格外需要科学的阅读指导，既然未成年人更容易受到直观、生动的阅读方式的吸引，那么区、县级图书馆应在现代化建设中顺应时代发展的趋势，对网络和新媒体多加利用，为未成年人提供更多有益的网络阅读资料和阅读指导。区、县级图书馆要积极与社会各方展开合作来进行未成年人的阅读推广。

图书馆要帮助家长认识阅读的重要性，辅助家长为青少年儿童制造良好的阅读条件，鼓励家长积极参与未成年人的阅读活动，吸引家长与孩子们一同走进图书馆进行亲子阅读；区、县级图书馆要加强与当地幼儿园、中小学等学校的合作力度和形式，形成能够促进青少年儿童阅读的良性互动；与社会相关机构共同为青少年儿童策划相关的思想教育活动、科学普及活动、阅读衍生活动等，共同营造一个社会文化教育的氛围，促进未成年人阅读活动的推广。此

[1] 邱晔．公共图书馆未成年人阅读推广空间探讨［J］．新智慧，2017.

外，区、县级图书馆要提高馆内阅读服务质量，为青少年读者提供更多地阅读延伸服务，扩大小读者的阅读范围。坚持以人为本的服务原则，以最大的耐心和热情为青少年儿童家庭提供更加优质的阅读服务，让基层社会的弱势群体也能够在舒适的环境中感受到阅读的乐趣，滋养他们的心灵。

当前正是我国建设学习型社会的关键阶段，推广全民阅读是政府非常重视的社会文化服务体系建设的一个重要举措，区、县级图书馆要积极响应国家号召，推广全民阅读，推广青少年儿童阅读，以专业的身份培养和引导少年儿童的阅读习惯，为未成年人的健康成长贡献力量。

（三）积极开展阅读推广与社会教育活动

我国的公共图书馆体系已经展开了不断深入的信息化改革，区、县级图书馆也在积极地寻求可持续发展的方向，对于区域性信息资源的收集、整理、收藏和传递起到了重要作用，也为区、县级地区人们提供了便捷的资料查询和信息咨询服务，丰富了基层人民的文化生活。随着经济的发展，我国公民的素质普遍提高，为了响应国家号召，区、县级图书馆为了能够更好地满足当地民众的阅读需求，对馆藏资源进行持续更新，逐步变革管理方式，强化基础服务，为读者提供越来越丰富的阅读资源，为区、县级地区人民文化素养的提高奠定基础。

积极开展阅读推广活动与社会教育活动是区、县级图书馆在加强建设过程中的必要举措。要更加有效地展开相关活动，区、县级图书馆要有计划有步骤地改变工作理念和工作方式。

首先，要提升自身服务意识，从读者的实际需求出发做好资源收集工作。区、县级图书馆要挣脱传统思想桎梏，树立起自觉意识，不仅要在阅读推广工作中积极主动地发挥主观能动性，优化管理制度，丰富馆藏资源，还要用创新的思维为区、县级地区的阅读推广工作开辟出新的路径。借鉴国内外优秀图书馆的管理模式和服务模式，深化改革，提升区、县级图书馆的文化传播能力，与时俱进地结合信息化、数字化技术，为读者提供现代化的阅读体验。服务意识还体现阅读环境的营造上，未来的发展趋势中，图书馆作为公共文化空间，为读者提供的将不只是阅读的空间，而是一种综合性的休闲空间。区、县级图书馆要对内部进行改造，为读者提供阅读相关的其他休闲空间，将阅读行为融合进一个良好的休闲环境之中，提供个性化服务，尽量拉近图书馆与读者之间的距离。适宜的环境、有趣的设计、丰富的藏书加上高质量的服务，必将能够让群众越来越愿意走进阅读的世界。

其次，通过特色活动展开社会教育活动。区、县级图书馆作为基层社会的公共文化空间，与其他公共图书馆一样，藏书都具有综合性特点，也是依靠当地政府的财政资金为区、县级地区的民众提供服务。搜集、整理、保存文献资料，并为读者提供阅读服务是公共图书馆的基础性工作，做好这些基础工作是图书馆得以发展的基础，但是如果没有创新，基础工作做得再好也不能提高对于读者的吸引力，对于全民阅读的推广工作也起不到促进作用。因此，区、县级图书馆在阅读活动的推广宣传中就要推陈出新，结合当地的历史文化特色，用广大群众喜闻乐见的地域文化吸引读者，选择他们感兴趣的主体，让他们在自己熟悉的文化氛围中了解真实的阅读，明白阅读对自身文化素质的提高和精神境界的提升有哪些重要的意义。区、县级图书馆应该积极与当地的电视台、新媒体合作策划具有社会教育意义的阅读推广活动，加强宣传，让群众能够通过更多地宣传渠道树立自觉自主的阅读意识，主动投入阅读当中，这样才能在潜移默化中推动阅读活动的推广或社会教育活动。

再次，积极利用技术创新增强阅读推广的效果。我国地大物博，地域文化、民族文化丰富种类多样，很多区、县级图书馆受到历史和地域因素的影响都有着独特的背景，也成为我国基层社会文化体系中的一个重要构成部分。区、县级图书馆要充分利用自身的文化特色，积极从技术手段出发在常规的阅读推广活动中寻求突破，以增强全民阅读在基层社会的推广效果。区、县级图书馆要对服务对象有明确的认识，细致分析读者特点，通过加强技术手段对馆藏资源进行更加有针对性的整合，为读者提供更加有针对性的服务。将技术手段作为日常工作的常规手段，为群众提供常态化的阅读服务。此外，利用新技术让阅读推广活动多元化，为读者举办形式多样的文化互动活动，将阅读推广和文化传播有机结合起来，创新服务项目，拓展阅读推广渠道，切实提高区、县级图书馆阅读推广活动能力。

最后，坚持阅读的本质，实现多群体阅读推广。区、县级图书馆以基层群众为服务对象，但是“基层”不是他们唯一的标签，这些群众也在社会生活中形成了不同的群体，阅读需求也有所不同。在针对不同群体的阅读推广中，区、县级图书馆要根据他们的实际需求提供有针对性的服务。比如，对于学生群体，区、县级图书馆要与当地的学校和其他教育机构合作，定期提供符合学生群体的阅读资料或者共同举办阅读活动，帮助学生树立起自主阅读意识；再如对于家庭主妇群体，区、县级图书馆可以定期与居委会合作，举办一些生活常识、生活技能等阅读活动或者阅读成果展出活动，通过积极的引导来提高她们的学习意识；对于年轻的上班族群体，可以更多地借助网络平台或移动终端，将图书馆的馆藏资料推送给读者，让他们在工作之余能够提升阅读效率，养成良好的阅读习惯；对于老年人群体，可以在电视、广播等传统媒体上加大阅读推广的力度，为他们提供便于阅读的小册子来充实老年人的生活。当基层社会中的各个群体都能感受到图书馆的服务意识和服务态度时，区、县级图书馆就在很大程度上实现了阅读推广的工作，其读者文化服务能力也上了一层楼。

（四）加快网络资源建设，不断完善新媒体服务

区、县级图书馆要适应信息时代的需求，加强网络资源建设是区、县级图书馆持续发展的必要条件。区、县级图书馆在加强数字化建设时，要根据国家关于数字化图书馆建设的相关要求坚持统一规划原则，建设覆盖全部馆藏图书、文献资源的数字图书馆，让馆藏资源以数字化的形式继续发挥重要价值。区、县级图书馆在数字化建设中要严格执行上级图书馆数字化建设的规范标准，在实现资源充分共享的基础上与其他图书馆建立起有效联通，避免出现多

头建设的浪费情况。区、县级图书馆要明确数字化建设方向，坚持标准化建设，对馆藏资源进行全面摸底，在建设过程中对图书馆的数字资源逐步进行完善，最大化实现数字化资源的实际价值和社会价值。同时，区、县级图书馆的数字化建设要坚持地方特色，最大限度地与其他同级图书馆的数字资源库实现衔接与共享，达成数字资源有序分布的目标，整体上形成一个数字资源有序分布、内容丰富的数字图书馆网络。❶

区、县级图书馆在数字化的规范化和规模化的建设过程中要特别强化版权管理原则，这是对数字图书资源合理合法使用的前提。目前很多区、县级图书馆的数字化图书资源还存在着较为严重的版权问题，已经成为图书馆数字化建设的一大阻碍因素，这些版权存在问题的图书资源无论是放在平台上供读者下载还是作为图书馆局域网上的内部资料，都会成为安全隐患。在图书馆体系之间的网络连接建立起来以后，很多区、县级图书馆实际上是在大量地借助外界平台的数字资源，这导致读者在使用这些资源的时候会受到较多的限制，因此，区、县级图书馆还是要立足于自主版权的开发，在此基础上实现有效的通信保护，提高读者使用读书的效率的同时全面规范图书资源的传递环境。

区、县级图书馆的数字化建设发展必须坚持以自身的实际情况为出发点，在对馆藏资源进行数字化整合的基础上，与其他各级图书馆实现资源共享。区、县级图书馆的网络建设要围绕基层数字化网点理念进行，对读者需求进行全面了解，为群众开发出能够满足多方需求的数字资源服务产品，提高图书馆的网络新媒体的读者服务水平，能够为读者的数字化阅读提供指导。信息技术和网络技术的应用使区、县级图书馆的馆藏资源得到大容量的扩充，在相当大的程度上消除了地区文化信息资源不平等的现象，通过数字化资源共享，图书馆的图书资源更加丰富，读者服务方式也越来越多样化，群众的阅读需求得到多方面的满足，这也是区、县级图书馆进行数字化建设最大的价值，让区、县级地区的基层民众的社会教育服务权利得到保障。

❶ 苏格德日玛．论县级图书馆开展图书数字资源服务探索［J］．中国高新区，2018.

区、县级图书馆要完善数字化资源服务，培养专业的信息技术人才是基础，人才队伍建设合理，才能切实地解决区、县级图书馆在实际的网络化工作中遇到的问题，读者服务才能得以顺利展开。要创新人才培养机制，加大对兼具图情专业背景和信息管理背景的人才培养力度，同时也要有针对性地对已有基层工作人员的业务能力进行培训，从整体上提高图书馆工作人员的业务素质和工作能力，搭建起一支能够适应信息时代要求的工作梯队，提高工作效率，加大服务效能，为区、县级图书馆的可持续发展奠定基础。

（五）完善读者评价机制

区、县级图书馆构建完善的读者评价机制对图书馆和读者双方都有着很重要的意义和现实价值。对于图书馆来说，读者评价机制能够为图书馆的收藏和采编提供科学依据。图书馆要在充分了解读者需求的前提下组织图书采买工作，以避免图书资源闲置、利用率过低而造成浪费。[1]读者评价机制的建立为图书馆了解读者需求的种类、数量提供了一条捷径，是图书馆克服盲目采买、无端浪费、科学充实馆藏的重要依据。此外，读者评价机制也为低价值图书的淘汰为图书馆提出了重要参考。淘汰价值低的图书是图书馆的日常工作之一，但是读者的评价就是图书馆淘汰图书重要的参考依据。由于社会发展的原因，有些领域的文献资料更新换代的速度快，很多资料对于读者来说已经不具有参考价值，这些图书不及时淘汰，给图书馆空间的利用和文献的分类管理造成不便，读者在查阅资料时也不太便利。读者评价虽然不全面，但是它的参考价值是不能忽视的。读者评价机制还为区、县级图书馆的工作考核提供了依据，读者评价得到的图书利用率和服务满意度的数据是构成图书馆工作人员工作业绩的重要指标，为图书馆工作总结和目标制定提供了参考。

对于读者来说，读者评价机制是读者主体地位得到满足的直接体现。区、县级图书馆的读者评价机制的建立，是基层社会读者群体的不同阅读需求得到及时

---

[1] 王娟，黄亦君．构建图书馆读者图书评价体系的研究［J］．武汉冶金管理干部学院学报，2017.

满足的重要途径。每个读者都有自己的知识信息需求，读者评价机制就是读者将自己的诉求传递给图书馆的渠道，如果图书馆只提供服务而不为读者提供反馈通道，那么读者就无法将自己的需求、建议和意见反馈给图书馆。读者评价机制是读者主体地位的直接体现，读者占有主体地位，才能被调动起阅读的积极性，读者自己的评价受到重视和采纳，会让读者感受到自己的需求被真正的关注。主体地位得到彰显，参与图书馆建设的热情就会提高，阅读的积极性也会在这个过程中得到提高，这对读者本身阅读兴趣的培养和阅读习惯的养成有着深远意义。

从阅读行为本身来说，读者评价是一种有益的借阅参考。图书馆里有大量的藏书，图书馆本身对书籍的介绍一般来说都比较官方，对于读者借阅的参考价值有限。但是来自读者的评价大多是真实的读后感言，能够帮助其他读者迅速了解图书的内容，以便更快地决定值不值得阅读，以做出是否借阅的决定。从这个角度来看，读者的评价会成为读者之间有效的沟通方式，并大幅提高图书的利用率。

区、县级图书馆在构建读者评价体系时，首先要重视图书评价卡的设计。读者在做出评价与反馈时直接面对读者评价卡，设计的好坏对读者的参与度有着重要的影响。图书评价卡是整个图书馆读者评价体系的第一个步骤，之后的每个环节能否做好衔接并发挥作用，都是由读者评价卡开始的，因此对于图书评价卡的设计制作，区、县级图书馆要给予足够的重视，根据不同类型的书籍做出不同设计。

图书评价卡要与纸质书籍连为一体，方便读者随时进行评价，也不容易丢失，便于图书馆后期收集。图书评价卡要体现出一定形式的人文关怀，让读者体会到被尊重、被重视，人性化的图书卡设计更容易激发读者参与评价的兴趣。图书评价卡的内容要有深度，不能流于形式，只做表面工作。高质量的内容设计才能够引导读者的阅读，并指导读者如何进行深入的思考，也能够让读者认真地对图书进行评价，进而达到读者评价机制的目的。如果图书评价卡的内容空泛、千篇一律，只会引起读者的敷衍或无视，有时还会产生厌烦心理。

虽然内容要有深度、有质量，但是图书评价卡的条目不宜过多，既要有引导性，又要给读者自由发挥的余地。有条件的话，区、县级图书馆最好根据读者评价机制给出的数据定期举办优秀读者评选活动，以凸显图书馆对读者的重视。将优质的读者评价以适当的形式公示在图书馆的公共空间或者网络平台，欢迎各位读者进行沟通与探讨，这样的活动能够鼓励更多的读者参与到评价当中，进一步激发读者的评论热情，为区、县级图书馆的发展建设提供动力。

二、夯实基础业务建设，加快本区域图书馆服务体系建设

（一）科学配置馆藏，建立有序的文献资源管理与共享体系

区、县级图书馆建设文献资源管理与共享体系，是图书馆为了满足时代发展的需要，除了将场馆开放给社会大众以外，还要为社会大众、其他图书馆以及政府或社会机构提供文献信息服务。图书馆的每一个读者都有不同的信息需求，因此图书馆在配置馆藏资源、进行文献开放共享时要时刻以读者需求为出发点，依托总分馆建制，将区域内的各级公共图书馆文献资源的建设都纳入文献共享体系内，为读者和社会提供更好的服务。

区、县级图书馆文献资源共享模式的建设，要坚持以下几项基本原则。

首先是要坚持保密性原则。图书馆的馆藏图书虽然具有公共性特征，但是一些文物、档案以及国家机密则是不能公开的，每一份文献资料所涉及的读者信息也应该受到保护。因此，档案界“开发前先保护”的工作原则也适用于图书馆的文献资源共享体系建设。

其次是要坚持标准性原则。标准化建设是当前各行各业都在推行的措施，区、县级图书馆的资源贡献建设是为了实现图书馆体系内的互通互联，在公共图书馆体系中无论是联盟馆建制还是总分馆建制，[1]所有的文献信息在著录和

[1] 姜育恒．基于“互联网+”的公共图书馆文献资源开放共享模式［J］．安阳工学院学报，2020.

分类时只有参照同样的标准，才能避免在硬件设施更新过程中产生的重复性工作，数字图书资源的流通和共享过程才能更加顺畅。

最后是要坚持整体性原则。区、县级图书馆的文献资源共享体系一旦建成，管理上需要统一安排部署，以便这个体系中各个环节上的工作能够有序、有效地展开。

在我国当前社会发展大背景下，区、县级图书馆的文献资源共享体系的建设和开发是必然结果。如今，生活在信息时代的人们无时无刻不在接受各种各样的信息冲击，人们对于信息的需求已经远远高于过去。区、县级公共图书馆要在海量的网络资源中吸引读者，就要充分发挥自身的资源优势，以大众的信息需求为导向，结合传统图书馆工作的实际情况，细致分析读者的阅读需求，有的放矢地将图书馆文献资源的效益最大化。传统的图书馆建设受到很多限制，资金、场地等都可能成为阻碍图书馆发展的因素，可以说没有哪一个图书馆的藏书能囊括所有的出版书籍，也没有哪一个图书馆能满足所有读者的需要。从地域文化角度来看，区、县级图书馆的地方文献收集各不相同，每个地区的图书馆馆藏都会体现出一定程度的地域特色。

（二）发挥中心馆作用，推动本区域服务体系建设的协调发展

区、县级图书馆总分馆建制是在服务均等化视角下区、县级图书馆发展建设的创新路径，这种全新的图书馆建制和管理模式对区域服务体系建设的协调发展有着极大的推动作用。区、县级图书馆的总分馆建制采取统一管理的方式，严格执行专项管理制度，对于各个分馆的管理服务人员进行统一招聘、统一管理。为了促进区域内公共服务管理工作的顺利进行，实行总分馆建制的区、县级图书馆由总馆全权集中管理，各个分馆在资金和技术方面对总馆提供支持，形成一个有制度保障、服务体系和统一目标的公共服务管理系统。

区、县级图书馆的总分馆工作任务要在建设初期用制度明确下来，根据不同地区的具体情况因地制宜地采取相应的管理制度，以保证不同环境下图书馆

工作的有效展开。[1]在区、县级图书馆的总分馆建制中，采购、加工和配送都由总馆统一负责，并对分馆资源进行定期轮换，形成一个连贯的服务链条，并建立起一个相对完善的自动化管理体系。为了促进区、县级地区的图书资源信息共享，总馆要发挥关键作用，科学地制定规章制度，并监督各分馆按照总馆标准严格执行，同时定期对分馆的工作进行监督评价，确保公共服务信息共享建设的有序进行。

区、县级地区的中心图书馆要以综合能力强、专业素质高为考核标准进行选取，以中心馆为核心，要保证中心馆硬件设施的先进性和服务人员的高素质。中心图书馆的管理要发挥人才优势，加大人才培养的力度，加快人才队伍建设的进程，在提高现有工作人员的工作能力和专业素养方面下大力气，积极引进综合素质过硬的年轻人才，建立一个高效率的人员体系。区、县级地区图书馆在进行总分馆建设时，图书信息中心服务站的建立要因地制宜，充分考虑不同地区实际情况的不同，以情报、高端信息为重点，积极发挥总馆的品牌优势，并以总馆标准加强对所有人员的工作指导和技术培训，使区、县级地区的公共图书馆资源建设达到最佳的效果。区、县级图书馆中心馆平台的建设，使图书馆不再受到服务时间和场地的限制，能够将服务覆盖更大的范围，为更广泛的读者提供阅读服务。总分馆建设拓宽了区县地区民众获得图书资源的渠道，帮助一些地区的读者突破了时空限制，这种积极创新的服务观念对推动本区域服务体系建设的协调发展起到了极大的促进作用。

在区、县级地区的公共图书资源体系建设过程中，要积极推行一卡通服务，让不同地区的读者使用统一的借阅证，总馆和分馆之间也要保证借阅互通，以便读者以最快的速度和最便捷的方式享受到图书资源贡献带来的便利服务。区、县级图书馆的总馆与分馆之间也要保持良好的联系，总馆要积极发挥引领作用，加强分馆之间的工作合作，确保图书文献资源共享的有效性，将区、县级公共图书馆打造成区域公共服务体系的高效平台之一。

---

[1] 范碧兰. 服务均等化视角下县级图书馆总分馆制现状［J］. 中国科技信息，2020.

区、县级地区图书馆采用总分馆建制，是公共文化服务体系建设在不同地区的具体化表现，对于图书馆体系内的人员采用总分馆制进行管理，对于加强公共文化服务协调机制是一种较为有效的完善手段，在很大程度上促进了区、县级地区公共图书馆文化的均等化建设，也为区、县级图书馆的标准化建设起到了推动作用。在图书馆总分馆制的网络化管理中，由中心馆对资源进行专业化管理和统筹规划，为广大读者提供均等化服务，极大地提升了区、县级图书馆的文献利用效率，也最大化地发挥出了公共文化的服务效能。中心馆要在资源共享和服务创新的过程中充分发挥好统筹规划的作用，坚持集中管理、统筹分配，带领各个分馆进行服务模式创新，同时吸引和鼓励广大群众参与到区、县级图书馆的总分馆建设中，在促进区、县级地区公共文化服务体系建设和图书资源共享体系建立的伟大事业中发挥力量。

（三）锐意改革，激活用人机制

近年来，随着我国对公共文化空间的建设程度不断提高，人民群众的文化素质和信息素质在这样的发展力度下也都有了大幅提高。我国不少区、县级地区的图书馆旧馆都得到了改造，有的地区还建设了新馆。在硬件设施陆续更新、外部环境日益现代化的同时，区、县级图书馆的僵化的用人机制和服务理念缺失的问题就凸显了出来。在我国公共图书馆体系中，区、县级图书馆在信息化建设方面相对滞后，导致图书馆资源建设和服务方式的变化也无法跟上人们文化心理需求的变化，很多区、县级图书馆的网络资源服务和新媒体服务效果都不令读者满意，导致这种现状的一个直接原因就是区、县级图书馆的用人机制跟不上发展现状。图书馆的数字化管理变革是大势所趋，信息化的图书馆需要具有信息化素质的人才来管理。信息化素质是要建立起一种信息化的工作思维，能够以现代化的管理思维和服务方式为读者服务。很多区、县级图书馆从 20 世纪 90 年代末以来就没有过新进人员，图书馆内的人员构成老龄化严重，无论是管理层人员还是基层馆员对于学习新知识、新事物的主动性和接受性都不高。虽然图书馆也会定期或者非定期地对馆员进行相关培训，但是并没有取得预期效果，一是工作人员的学习积极性不高；二是很多培训内容也仅仅是流于表面，在图书馆管理和服务理念方面并没有太大的变化。

区、县级图书馆要深化改革，激活用人机制，才能为区、县级图书馆的现代化发展提供源源不断的动力。要在有限的投入中寻求最大的回报价值，就要促进馆员尽可能多地发挥主观能动性，馆员自身的专业素质的高低会对区、县级图书馆各项业务的开展和服务效能的发挥有直接的影响。具有专业能力的人才直接影响图书馆的业务开展质量和阅读推广活动的效果，在阅读延伸活动的举办和新媒体平台的操作上也能够更加地游刃有余。面对区、县级图书馆工作人员老龄化严重、新技术掌握能力不足的情况，图书馆应该采取积极的应对措施，要有计划地引进年轻人才，他们不仅要具有图情专业的教育背景，还应具备人文学科、传播学、市场营销学等方面的知识。除此之外，对于图书馆的老员工，图书馆要定期组织他们学习必要的新知识和新技术，提升馆员的整体业务能力。区、县级图书馆不断开放的一个必然结果就是读者的多样化，面对越来越复杂的读者群体，图书馆要在树立现代化形象的同时，组建起一支理念新、素质高、能力强的人才队伍，强化自身业务素质，提升工作热情活力，更加主动地发挥图书馆的社会服务效能。

（四）建设和完善各项规章制度

建设和完善各项规章制度，是区、县级图书馆现代化建设的一项重要内容，区、县级图书馆的规章管理制度既要继承传统，又要符合时代发展的要求。

首先，区、县级图书馆的规章制度建设要有规范性、完整性和系统性。建设和完善各项规章制度是一项复杂的系统工程，区、县级图书馆不仅要注意规章制度制定程序上的规范、合法，内容上也要完整、系统，因为各项制度不仅要符合国家的法律法规和相关规定，它们之间还不能存在原则相悖的现象，一套比较完善的规章制度的内部都有着严丝合缝的逻辑，每条条款的制定都要避免由于内容过于笼统导致的无法执行。区、县级图书馆在制定规章制度时要将提供服务的范畴与方式用较为明确的语言表达出来，表达越明确，可操作性就越强。可以参考国内外先进图书馆的规章制度，规章制度中出现的相关专业术语、计算方法、公式等要有明确、详细的注释，让图书馆的各项规章制度最大化地体现出标准化、规范化和可操作性。

其次，区、县级图书馆的规章制度建设要坚持“以人为本”的原则。图书馆规章制度要经得起实践的考验，并能在实践的检验中不断地发展完善。随着时代的进步，区、县级图书馆的服务内容和形式必定有所增减，这些变化要及时地修订进规章制度之中，对于那些过时的条款则要及时删除或者重新修订，不能让过时的规章制度成为发展的障碍。所谓“以人为本”，就是在进行规章制度建设时要使提供服务的图书馆工作人员和接受服务的读者双方的权利都得到保障，始终坚持“读者至上、服务第一”的服务宗旨。规章制度建设的本质不是对图书馆本身和读者做出种种限制，而是在一个通畅的管理环境中让读者不受主、客观因素的限制平等地享受图书馆提供的服务，使自己的阅读需求和精神需求在图书馆内得到最大限度的满足。区、县级图书馆在规章制度建设中要体现出对读者的尊重和信任，还要激发馆员工作的主动性和创造性，引导馆员规范行为的同时能够充分发挥主观能动性，在日常的工作中将规章制度的各项条款内化为自觉意识，以提高服务效能。

最后，区、县级图书馆的规章制度建设要保证有效执行。规章制度的建设要求不只局限于建成一个严肃的规章制度，建设成果还必须是一个能够有效执行的规章制度，这是区、县级图书馆规章制度建设的主要目标。[1]区、县级图书馆规章制度的执行过程中，自上而下的贯彻也是必不可少的，重点部门重点贯彻，避免规章制度的形同虚设。组织管理人员和工作人员集中学习图书馆的规章制度，将对制度的学习结果纳入考评系统。除了在图书馆内部贯彻规章制

[1] 韦茜．图书馆制度建设的再思考［J］．科技情报开发与经济，2010.

度之外，在读者群体中也要加强图书馆各项规章制度的宣传力度，利用网站、新媒体、廊报、图书评价卡等多种形式让读者了解相关制度信息。

（五）重视业务研究与交流，为事业发展提供支撑

区、县级图书馆在专注于自身发展的同时，也要重视业务研究与交流。加强宣传力度，在地方上争取更多的社会力量来支持图书馆的建设工作。区、县级图书馆要积极利用媒体的宣传力量，向当地民众宣传图书馆在地方经济、文化发展过程中起到的积极作用，同时也要与媒体合作向群众普及文献资源建设与共享的可能性、必要性和可行性，为地方上的社会文化服务体系造势，吸引更多群众参与到图书馆的建设中来。图书馆还要用多种引人注目的方式加大对馆藏地方文献的宣传力度，定期开展喜闻乐见的活动在群众中宣传图书馆的社会价值，以获得社会各界对区、县级图书馆建设的关注和支持。区、县级图书馆的建设，特别是数字化图书馆的建设环节复杂，不仅需要图书馆自身的努力，还需要政府的大力支持。地方政府应该协助图书馆制订长远的馆际合作计划，对图书馆各项规章制度和规范标准的制定给予方向性指导。

区、县级图书馆要加强馆际之间的业务交流，共同承担起完善资源传递系统的重任。重复建设会导致财力、人力的大量浪费，地方图书馆之间的馆际合作是避免这种重复建设的有效途径，也是完善资源共享与传递系统的有效途径，能够极大地推动地方文献资源的共建共享。因此，各区、县级图书馆应当加强联系与交流，以文献资源的分享和交换作为业务交流渠道，此次来促进各个图书馆馆藏资源的完善。这种联系与交流对于部分规模较小、资源匮乏地区、县级图书馆来说，是难得的发展机遇，不仅极大丰富了自身的馆藏文献，也大幅提高了读者服务效率。

区、县级图书馆馆际之间交流和共享的基础是地方文献资源保障体系的建立，不同地区的区、县级图书馆要结合地方特色制定文献收藏原则，凸显出独特的性质与特色，以保障在文献资源共享体系中文献资源分布的合理化，各个图书馆在建设中均要服从大局，共同建设优势互补的文献资源共享体系。同时要加强地方文献联合编目中心，对地方文献资源进行深入开发，保证馆藏资源在共享体系中的共同知晓，并以联合编目为依托，让所有馆际成员馆都遵循统一的资源数据编目和整合标准，对于联合编目系统与整合系统的日常维护，则由所有馆际成员共同完成。建立联合编目能够有效减轻区、县级图书馆的工作压力，极大地提高服务水平，为读者提供更为丰富的阅读资源。

第四章

信息化时代区、县级数字图书馆建设的现状

信息时代背景下，区、县级图书馆积极探索数字图书馆的建设，极大加快了图书馆建设进程，也使图书馆的数字化服务模式得到了进一步优化，能为图书馆在现代社会的良好发展提供相应的支持。但是在信息时代背景下，区、县级图书馆探索数字图书馆建设发展的过程中，也存在一定的问题，对数字图书馆建设效果产生了严重的不良影响。

一、数字图书馆建设意识薄弱

区、县级数字图书馆建设意识会对建设工作的开展产生直接的影响，综合分析信息化时代背景下我国区、县级数字图书馆建设和发展的基本情况，能看出当前在全面推进区、县级数字图书馆建设的过程中，建设部门存在建设意识薄弱的问题，对区、县级数字图书馆建设的重要性认识存在明显的偏差情况，无法对建设方向和建设要点进行准确的定位，导致县级图书馆数字化建设存在发展滞后性的问题。具体解析当前区、县级图书馆对于数字化图书馆建设的探索情况，发现思想认识不到位和建设意识薄弱的问题主要从以下方面表现出来。

（一）缺乏工作主动性

部分区、县级图书馆主管部门在开展数字化图书馆建设的过程中，不注重对国家图书馆总体规划的分析，甚至部分主管人员认为国家图书馆总体规划与区、县级图书馆建设的联系不大，不会影响区、县级图书馆建设，因此在实际探索数字化建设方面存在动力不足和主动性缺乏的问题。具体分析，由于区、县级图书馆建设经费缺乏，再加上区、县级地区整体性文化建设和经济建设存在明显的滞后性，在实际推进图书馆现代化和数字化建设的过程中不得不面临基础薄弱方面的问题，无法从自身发展方向角度正确定位数字图书馆建设的重要性和必要性，甚至认为全国图书馆总体规划中关于数字图书馆的建设与区、县级图书馆建设发展无关，在思想上尚未引起高度重视，在实际行动中对于数字图书馆的建设存在被动接受的情况，工作主动性不足的问题较为明显。同时，在实际推进区、县级图书馆数字化建设的实践工作中，部分图书馆管理人员秉承传统的思维模式，创新意识不足，尚未从时代发展的角度对数字图书馆和现代化图书馆的建设进行全面系统的分析，导致图书馆建设工作中对数字图书馆的规划不够完善，无法协调各方面关系为数字图书馆的建设创造条件，也会对区、县级数字图书馆建设工作的有效推进造成严重的冲击。

（二）缺乏工作积极性

在区、县级数字图书馆建设实践中，建设单位工作积极性的提升关系到建设工作的系统推进，也会对建设效率和效果产生直接的影响。而当前区、县级数字图书馆探索建设发展工作的过程中，存在明显工作积极性不足的问题，会对建设工作的开展产生一定的冲击，无法保障建设的持续性和高效性。具体分析在实际组织开展区、县级数字图书馆建设工作的过程中，虽然区、县级数字图书馆管理部门受到多次人事制度改革的影响，但是总体上看区、县级图书馆本身组织管理系统并未出现根本性的变化，现有人事管理制度的组织实施对员工的激励性不足，无法有效调动图书馆工作人员参与图书馆数字化建设的积极性，特别是在图书馆依靠财政拨款运营的情况下，图书馆的领导人员为了能降低出现工作失误的概率，不愿意主动参与到数字化图书馆建设实践中，导致数字图书馆建设工作的开展缺乏组织性和系统性，科学性不足的问题也较为严重，会对图书馆建设工作的系统推进造成严重的冲击，不利于新时代背景下区、县级数字图书馆建设工作的稳定推进。在此情况下，受到思想认识不到位、领导组织团队缺乏足够重视的影响，区、县级图书馆在实际探索数字图书馆建设工作的过程中就会遭遇建设积极性不足的问题，也会影响图书馆建设工作的综合效果。

（三）工作缺乏创新性

区、县级图书馆管理者一般没有接受过较为现代化的图书馆建设和管理培训，在实际开展图书馆管理工作的过程中仍然坚持较为传统的管理理念，认为提供高质量的读者服务是本职工作，而工作创新意识则存在严重缺乏的情况，特别是受到区、县级图书馆管理工作中不同行业专业、地区限制的影响，大多数区、县级图书馆管理人员在实际开展管理工作的过程中都认为为读者提供好的服务是本职工作，而对创新的认识则不够准确，无法找到合适的数字化图书馆建设方向和创新方向，图书馆建设工作的开展缺乏针对性和系统性。具体分析，在当前区、县级图书馆开展管理工作的过程中，没有对管理工作的发展进行准确的定位，导致在实际开展管理工作的过程中不注重先进技术的应用和先进管理模式的构建，没有深刻认识到数字图书馆建设在区域公共文化服务体系建设、区域特色文化开发方面的重要作用，导致在实际开展工作的过程中创新动力不足的问题较为严重，对新时代背景下区、县级图书馆建设作用的发挥造成了一定的冲击。

例如，福州地区的区、县级图书馆在探索数字化建设的过程中存在管理落后、创新意识不足的问题，难以有效彰显区、县级图书馆探索现代化建设的优势，具体来说，当前福州地区的区、县级图书馆存在严重经费不足、服务创新能力不强的问题，虽然从 2013 年开始福州地区图书馆管理部门已经初步认识到创新发展的重要性，并且从图书馆创新服务角度作出了探索，还结合闽委办法〔1996〕16 号文件规定的要求对创新管理模式进行系统的分析，但是在管理工作中创新效果仍然不够理想，无法实现数字化建设体系的构建，数字化建设优势存在一定的局限性，无法产生良好的综合影响力，也会对图书馆的建设和发展产生不良影响。因此，在探索图书馆管理模式创新的过程中，要注意结合区、县级图书馆建设发展的基本情况，对发展规划体系的建设进行系统的探究，有意识地转变发展理念，构建数字化创新发展模式，确保在发展实践中能形成精神带动作用，助力图书馆现代化体系的构建能取得良好的发展效能。

二、缺乏专业的人才和技术支持

人才和技术是制约区、县级图书馆数字化建设和发展的重要因素，特别是新时代背景下，区、县级图书馆探索建设发展的过程中，要想实现数字化发展体系的构建，较为重要的一点就是要对专业的人才培养模式进行系统的分析，探索完善技术支持体系的构建，从而提高建设效果，保障建设工作实现科学化发展。但是综合分析当前区、县级图书馆探索数字化建设发展的实际情况，能明确看出在实际推进各项建设工作优化发展的过程中，还存在明显的专业人才匮乏和技术支持不到位的情况，对区、县级图书馆在现代社会对数字化发展模式的探索产生了限制性的作用。具体问题如下。

（一）缺乏专业人才

专业技术人才的匮乏是制约区、县级图书馆数字化建设的重要因素，特别是在各地区尚未深刻认识到数字化图书馆建设重要性的时代背景下，在实际组织开展数字化图书馆建设工作的过程中，人才队伍建设不理想的问题较为明显，会对人才培养工作的全面创新产生一定的冲击作用。具体针对区、县级图书馆专业技术人才缺乏的情况进行分析，发现主要问题从以下方面表现出来。

其一，人才队伍相对较为老化。县级图书馆管理人员在开展图书馆管理工作的过程中，需要面对编制人员足够、但是人员老化严重方面的问题，甚至部分队伍中已经出现了严重的人员年龄结构不合理，工作人员知识结构老化的情况，他们对图书馆数字化建设的认同度和了解度偏低，无法结合实际情况参与到图书馆数字化建设实践中，难以有效促进图书馆在实际管理工作中实现文献信息资源的多元化共享，甚至会引发工作效能偏低，图书馆服务能力不足等方面的问题，也会对图书馆的建设和发展产生不良影响。

其二，人员素质参差不齐。高素质的人才队伍是有力支撑区、县级图书馆全面探索图书馆数字化建设的基础，只有配置高素质的人才队伍，才能为图书馆管理工作的开展创造条件，促进综合管理工作高效化和科学化发展。但是在区、县级图书馆实际探索数字化服务体系和管理体系建设的过程中，存在高素质人才不足、人员素质参差不齐的情况，甚至部分地区的区、县级图书馆人才的引进和配置尚未制定科学系统的规划，没有真正从图书馆数字化体系的建设角度对各项建设人才进行引进和招聘，导致人才的引进和招聘盲目性的问题较为明显，现代化、数字化图书馆管理人员严重缺乏，并且现有图书馆组织成员缺乏图书情报专业知识和计算机专业知识、数字化知识等，无法按照图书馆数字化建设的实际情况对各项管理工作进行创新，导致在图书馆人员素质参差不齐的情况下，区、县级图书馆在实际推进数字化建设的过程中会引发宏观调控不到位的问题，也会对人才培养工作的全面系统推进产生严重的制约作用。

其三，人才培训机制不完善。高素质人才队伍的构建需要人才培训工作的开展作为支撑。但是综合分析当前我国区、县级图书馆数字化建设工作的基本情况，发现在人才队伍的建设实践中，部分图书馆没有认识到人才培训机制的重要性，并未结合数字技术、信息技术和计算机技术的应用，针对图书馆现有管理人员开展专业素质和信息素养的教育培训，并且当前区、县级图书馆组织开展的教育培训工作基本上以上级文件要求为主，随意性问题明显，人力资源培养工作的开展存在明显的规范性不足的问题，这就导致图书馆管理人员工作技能严重缺乏，无法为区、县级图书馆数字化建设工作的科学化组织推进产生强有力的支持，再加上数字化宣传不到位，人才培训不合理，造成人才的职业素养和职业道德培养存在局限性，也会引发人才参与数字图书馆建设意识不足、建设积极性缺乏的问题，造成建设工作的推进产生不良影响。

其四，用人机制滞后，缺乏良好的竞争环境和人才激励机制。人才参与区、县级图书馆数字化建设的热情、能力等关系到建设工作的实际组织推进。但是结合当前我国图书馆事业的基本发展情况，针对区、县级图书馆数字图书馆建设的探索进行分析，发现在区、县级图书馆综合管理工作中还存在用人机制较为落后的问题，现阶段尚未形成公平的竞争机制和激励机制，导致在管理工作中无法充分调动人才参与图书馆建设发展的积极性，也会导致图书馆建设工作的开展存在严重的发展障碍，甚至形成人力资源浪费方面的问题，对管理工作的科学化发展产生严重的不良影响。具体分析，现阶段在区、县级图书馆组织体系中，一些图书馆领导自身数字素养不高，人力资源管理意识偏低，现阶段并未按照科学的管理理念推进人力资源管理工作，所制定的人员管理制度和奖惩措施，无法有效调动工作人员的积极性，导致在实际推进人才管理工作的过程中，出现了人浮于事的情况，工作效率偏低的问题明显，并且青年群体工作积极性无法得到充分地调动，也会导致工作的开展存在局限性，不利于图书馆数字化建设工作的高效化推进和系统化开展。

可见当前区、县级图书馆探索数字化建设的过程中，专业人才缺乏和人才管理不到位的问题较为严重，现阶段已经对图书馆的建设和发展产生了一定的冲击，严重制约了图书馆数字化建设工作的科学发展和系统推进，也会对图书馆现代化服务体系的构建产生相应的不良影响。

（二）技术水平偏低

科学数字化管理技术的支撑是提高图书馆数字化建设工作水平的基础，但是在当前区、县级图书馆对数字化发展进行探索的实际过程中，却存在明显的技术支持不到位的情况，也会对图书馆的建设发展产生不良影响。对当前区、县级图书馆对数字技术的探索进行分析，在当前图书馆的建设和发展实践中，图书馆资源建设模式和服务模式出现了变化和调整，在新技术的创新方面也做出了相应的探索，但是数字化图书馆的建设仍然存在明显的技术水平偏低的问题，会对图书馆建设发展工作的开展产生一定的冲击作用。

以焦作市区、县级图书馆建设发展为例，在焦作市探索区、县级图书馆数字化建设发展的实践活动中，当前博爱县图书馆和武陟县图书馆并没有针对数字化图书馆的建设进行探究，在图书馆服务和管理工作中仍然采用手工操作服务。并且在图书馆数字化管理工作中，虽然我国从 2010 年已经在全国范围内推进文化资源共享工程的建设，博爱县图书馆也以此为基础对数字化图书馆建设进行了适当的改革，并购置了能支持图书馆数字化建设和管理的软件系统，还聘请专业的技术人员到图书馆开展演示操作和指导工作，但是在资金支持不到位的情况下，技术的引进存在明显的局限性因素，图书馆在实际针对数字图书馆的建设进行探索和开发的过程中，技术创新的力度严重不足，无法结合先进技术的合理化应用加快技术改革工作，甚至对现代化技术的应用存在明显的发展障碍，也会对图书馆建设和管理工作的开展产生不良影响，不利于图书馆建设工作的全面系统创新。

结合焦作市的探索情况进行分析，能看出在焦作市推进区、县级图书馆数字化建设的过程中，仅仅只有沁阳市图书馆设置了数据化服务显示屏，使图书馆的读者能借助数据技术的支持获取相关服务数据。焦作市解放区图书馆对微信公众号的设置和开发做出探索，并开辟了读者服务方面的板块，方便读者在微信公众号上对自身借阅信息进行有效的查询。但是其他县级图书馆尚未开发数字化技术服务，对数字技术的应用存在明显的局限性问题，导致图书馆数字化建设效果和服务效果不理想，不利于新时代背景下图书馆管理模式的重新构建和管理体系的系统创新，甚至会对图书馆的建设和发展产生一定的冲击作用，无法保障图书馆现代化建设取得良好的发展效能。

三、图书馆的服务管理、资源整合能力有待提升

区、县级图书馆数字化建设效果不理想还受到服务管理滞后和资源整合能力不足等因素的影响，因此要想全面提高图书馆数字化建设工作的综合效果，就要针对服务管理存在的问题进行深度解析，并深入探索资源整合能力方面的问题，为图书馆科学化管理体系的构建提供相应的参考。具体分析，区、县级图书馆服务管理和资源整合方面问题主要从以下角度体现出来。

（一）图书馆服务管理水平偏低

区、县级图书馆在实际探索数字化建设的过程中，现阶段并未联系数字化建设的需求对服务管理工作进行创新，导致服务管理工作的开展无法为数字图书馆建设工作的开展提供强有力的支持，也会导致数字图书馆的建设存在局限性因素。具体分析，现阶段区、县级图书馆在探索数字图书馆建设的过程中，由于思想定位不够准确、管理理念存在明显的滞后性，导致部分管理人员开展数字化服务管理的能力不足，在探索数字化服务管理模式创新的过程中，主动服务意识弱化，无法按照图书馆对数字化服务模式的探索促进服务工作的改进和创新，现阶段组织开展的图书馆数字服务建设难以满足读者群体的需求，甚至会导致图书馆服务效能的发挥和资源开发的效果下降，不利于促进图书馆服务管理工作的科学化发展。

同时，区、县级图书馆管理人员对数字化服务的探索较为滞后，现阶段多数管理人员对数字技术的应用缺乏足够的认识，导致在实际开展数字服务工作

的过程中出现了明显的经验不足的问题，也会造成图书馆技术水平偏低，各项数字化服务的探索存在局限性，会对图书馆现代化服务管理模式的构建产生一定的消极影响。此外，需要注意的是，在当前图书馆探索数字服务模式建设发展的过程中，并未构建完善的制度体系，也就是图书馆服务管理工作的开展遭遇了制度建设滞后的问题，在缺乏明确制度规范的情况下，图书馆管理人员无法结合先进管理理念的应用对数字化服务模式的创新进行探索，也会严重影响图书馆管理工作的优化开展，甚至会对图书馆数字化建设工作的科学化和系统化推进产生严重的冲击，不利于图书馆数字化建设的优化创新。可见在区、县级图书馆建设发展实践中，对于数字化服务管理的探索受到现阶段服务管理水平偏低的影响，整体上表现出存在明显局限性的管理模式，图书馆数字化建设工作的开展也会受到明显的冲击。

（二）图书馆资源整合能力偏低

图书馆的建设需要对图书馆资源进行全面整合，只有具备充足的图书文献资源、资料资源等，才能支持数字图书馆的建设发展，在区、县级图书馆建设过程中加快数字化发展进程。[1]但是在当前图书馆资源开发和整合探索工作中，还存在数字资源整合能力不足的问题，无法保障数字图书馆建设的科学、稳定推进。

其一，共享数字资源使用较多，但是自主开发能力不足。区、县级图书馆在全面推进数字图书馆建设工作的过程中，部分地区的图书馆结合实际情况做出了相应的探索，积极促进共享数字资源的有效应用，为数字图书馆建设工作的开展提供了资源支持和保障。但是必须明确认识到，部分区、县级图书馆对数字图书资源的自主开发能力严重不足，实际上对数字资源的应用主要以对国家图书馆数字资源、省市图书馆数字资源的共享为主，无法结合地区实际情况开发特色的图书文化资源，也难以保障自主化图书馆文献资源数据库的建设，

[1] 苏格德日玛．论县级图书馆开展图书数字资源服务探索［J］．中国高新区，2018.

区、县级图书馆在推进数字图书馆建设的过程中遭遇了数据库建设发展的障碍，也会对图书馆数字化服务体系的构建产生严重的不良影响，甚至引发建设水平滞后的问题，导致区、县级图书馆在现代社会的发展和服务公共文化事业的功能弱化，不利于现代化管理和服务体系的系统构建。[1]

其二，资源开发经费不足，资源开发设备较少。数字化和信息化图书资源的建设和开发需要数字技术和设备的支持，也需要相应的经费保障，特别是在区、县级图书馆探索数字图书馆建设的过程中，需要专业的设备和专门的经费作为支撑。但是必须明确认识到，区、县级图书馆自身建设经费和建设资源有限，无法为区、县级图书馆的建设和发展提供强有力的支持，会引发经费支持不足、设备保障不到位的情况，也会对图书馆的建设和发展产生不良影响。具体分析，部分区、县级图书馆在推进数字化建设的过程中，能从日常办公经费中支付设备的维护，但是对于大型设备的购置而言，需要专门经费的支持，这就导致区、县级图书馆探索数字化建设的过程中，专项经费的获取以及对大型设备的购置出现了被动的情况，无法形成自动化的建设服务体系，再加上数据库的权限受到限制，也会导致建设工作的开展效果不理想，难以提升图书馆数字化建设的综合发展成效。

其三，数字资源开发利用率偏低，资源开发不够全面。结合区、县级图书馆在现代社会的实际建设和发展情况进行分析，能看出部分区、县级图书馆建设发展过程中，已经初步认识到数字资源开发和建设的重要性，并且在这方面做出了相应的探索，资源开发能力明显增强，能助力区、县级图书馆数字化建设持续稳定发展。但是在对图书馆数字化建设工作的开展进行系统化整合分析后，发现部分区、县级图书馆在对数字化资源进行整合后，没有认识到资源利用的重要性，对图书文献资源的利用存在障碍，甚至由于管理工作的开展存在局限性，导致在专业人才不足的情况下，图书馆数字资源经常会出现误删除、系统破坏的情况，严重影响了数字图书馆建设工作的稳定开展，甚至还会对图

[1] 华忠．加强公共文化服务体系建设的思考［J］．合作经济与科技，2014.

书馆综合管理模式的开展产生不良影响，不利于新时代背景下区、县级图书馆特色管理和服务体系的构建。

其四，数字资源整合效率低，资源整合存在局限性。在区、县级图书馆推进数字图书馆建设工作的实际工作中，资源的高效率整合是提高资源利用率的基础，只有按照时代发展需求以及读者的服务需要，对数字图书馆资源进行全面整合，才能突出区、县级图书馆数字图书馆建设的基本特色，彰显数字图书馆建设的主要价值。但是系统探究当前区、县级图书馆数字图书馆建设发展的基本情况，发现现阶段对于数字资源的开发和整合，区、县级图书馆管理人员尚未形成统一的定论，对资源的整合开发缺乏可参考的发展模式和发展理论体系，导致图书馆仅仅能够按照自身发展需要对资源进行适当的整合，没有按照数字时代图书馆资源的开发和利用情况制定整合标准和整合制度体系，导致各项资源整合工作的开展缺乏科学的管理模式和系统化的管理体系，也会对管理工作的开展和资源整合、利用工作的深入推进造成严重的冲击，难以保障新时代背景下数字图书馆建设稳定高效的发展。

此外，区、县级图书馆数字技术水平偏低，高素质人才严重不足，也是影响资源整合效果的重要因素，甚至会对新时代背景下图书馆的建设发展造成相应的冲击，因此结合区、县级图书馆数字资源整合效果不理想进行研究，还要注意结合图书馆综合管理模式以及资源整合的各要素情况进行针对性的探索，切实提升资源整合管理效果，为区、县级图书馆在数字图书馆方面的实践探索提供良好的支持，切实加快图书馆数字化建设和科学化建设的综合发展进程，为图书馆现代化服务体系的构建奠定基础。❶

❶ 温泉．国家数字图书馆建设进展与展望［J］．图书情报研究，2017.

第五章

区、县级数字图书馆建设路径研究

一、县级图书馆数字化建设的必要性

县级图书馆对数字化建设的探索是新时代图书馆探索现代化建设的必要前提，也是提高图书馆综合服务能力的重要选择。新时期在县级图书馆建设发展实践中，要对数字化建设的必要性进行准确的定位，并构建科学合理的数字化建设指导体系，促进数字化建设质量的全面提升。系统解读县级图书馆数字化建设的必要性，顺应时代发展的需求是强化图书馆管理的需要，也是新时代背景下促进各地区文化素养教育有效提升的必然选择。

（一）顺应数字化时代发展的需要

在大数据时代背景下，数字化图书馆建设成为图书馆发展的必然趋势，特别是随着图书馆建设工作的全面创新，传统图书馆服务模式滞后的问题较为严重，并且现有县级图书馆知识资源和文献资源较为匮乏，已经无法适应社会公共文化建设事业发展的现实需要，也会导致服务工作的开展无法满足县级地区群众日益增长的知识文化需求，对县级图书馆综合服务管理模式进行全面创新是图书馆完善建设服务体系的重要选择。鉴于此，县级图书馆在建设发展实践中，为了能促进各项工作高质量、高效率的发展，使建设工作的开展能与数字时代的综合发展背景相适应，就十分有必要在构建现代化综合管理服务模式的过程中，加强对数字化建设的重视，有意识地促进数字化管理模式的全面创新，有效促进资源的优势共享，为数字化时代背景下县级图书馆实现科学稳定的发展提供良好的支持。

在县级图书馆探索数字化建设的过程中，还能对图书馆的知识储备、文献资源储备进行适当的拓展延伸，也能实现对图书馆数字化文献资源的全面整合和系统革新，[1]对于数字化时代县级图书馆扩大虚拟资源，对网络信息资源、文献资源和知识资源进行系统的开发产生积极的影响，也能促进服务范围的拓展和延伸，从而拓展综合服务影响力，使图书馆的服务效能得到进一步提升。从这一点能看出，在数字时代背景下县级图书馆探索创新发展的过程中，要对图书馆的建设发展方向和发展模式形成深刻的认识，积极探索数字化时代管理和服务工作的创新，打造数字化的综合服务平台和资源整合平台，唯有如此，县级图书馆的建设和发展才能与数字化时代的背景相适应，才能体现出建设工作的科学性和系统性，可以为新时代背景下县级图书馆实现持续稳定发展奠定基础。

（二）强化图书馆管理，提高服务质量的需要

县级图书馆在发展实践中迎合数字时代的发展需求探索图书管理体系的重新构建，是进一步提高图书馆管理水平、促进服务质量优化创新发展的重要选择。具体分析，在数字时代背景下，图书馆探索创新发展的过程中，只有紧密结合建设发展的现实需要，对图书馆管理体系的构建进行全面的创新，才能适应数字时代的影响，也才能探寻良好的发展模式，促进县级图书馆实现高效化、高质量发展的目标。对于数字时代图书馆管理模式的创新而言，探寻高质量的服务是图书馆在发展实践中寻求知识共享、服务交流和知识再生的重要路径，也是图书馆强化自身社会地位、更好参与到公共文化服务体系的关键

[1] 段宇锋，郭玥，王灿昊．嘉兴市城乡一体化公共图书馆服务体系建设［J］．图书馆杂志，2019.

环节。

在数字时代背景下，图书馆结合数字技术广泛应用的影响，探索新型管理模式的构建和创新，县级图书馆能在数字图书馆建设实践中构建更加科学合理的信息存储中心、知识信息管理和服务中心，形成大规模的、能支持数字资源整合的数字资源库体系，可以在资源库运行方面面向本地区乃至全社会各行各业提供高质量的知识共享服务，彰显县级图书馆公共文化服务的价值。

总体上来说，在县级图书馆探索服务模式创新的过程中，高度重视数字化服务发展体系的构建，能为公共信息获得层面提供公平的信息服务夯实基础，也能借助新时代背景下新媒体和多媒体信息展示、共享方面的优势，对县级图书馆内部无序的信息资源实施合理化的筛选和控制，引入智能化和科技化管理系统，保障县级图书馆在数字化运营工作中能为读者群体和其他相关用户提供多元化的、高质量的知识信息服务，可以促进图书馆综合管理体系和服务效能的全面提升，让用户在接受图书馆服务工作的过程中获得良好的服务体验，[1]从而彰显服务价值，为图书馆实现现代化发展和全新服务模式的构建奠定基础。

（三）有效提升当地文化素养的需要

县级图书馆是地方公共文化体系建设的重要组成部分，在数字时代促进县级图书馆数字化管理模式的构建和综合管理体系的开发，能对图书馆建设工作的开展产生积极的影响，有助于彰显县级图书馆的服务价值，促进当地文化素养的全面提升。具体来说，在数字时代公共文化事业的发展引发广泛的关注，县级图书馆作为数字时代地区知识窗口和信息集散中心，本身承担着提供当地公共文化服务信息方面的服务，在文化建设方面也承担着重要的社会责任，因此基于图书馆浓厚的知识氛围，推进数字化管理模式的构建，能吸引县级地区的群众参与到图书阅读和信息获取工作中，在全县范围内营造良好的图书馆文

[1] 聂慧．高校图书馆服务危机管理体系的建构及应用［J］．佳木斯职业学院学报，2015.

化氛围，从而提高县级图书馆建设发展效能，促进服务模式的全面创新，保障能借助知识共享和服务为全县域范围内政治、经济、社会、教育、文化等事业的发展助力，加快县级地区文化体系建设的发展效能。

从县级图书馆在提高当地群众文化素养方面的作用进行分析，县级图书馆在探索数字化建设的过程中，自身服务的综合影响力会得到明显的提升，能在县域范围内产生积极的影响，使当地居民深刻认识到阅读的重要性，能主动参与到阅读学习实践中，促进地方群众文化素养的培养，保障地方群众的文化综合素质能力得到进一步强化，在助力地方发展的同时，为区域范围内和谐社会的建设奠定坚实的基础。可见从提高地方文化素养的角度探索县级图书馆管理模式的构建和服务系统的创新，是数字时代背景县级图书馆探索创新发展的必然要求，也是县级图书馆寻求高效化发展模式的重要路径，县级图书馆在建设实践中针对数字化管理服务模式的构建进行探索，能为图书馆综合服务效能的提升和图书馆的长远稳定发展提供良好的支持。

二、县级数字图书馆建设的具体路径

数字时代背景下县级图书馆的建设和发展引发高度重视，如何促进数字化服务体系的构建，对图书馆的整体建设模式进行系统的开发，成为研究领域的重点课题。因此结合县级图书馆在探索数字化建设方面的必要性，要注意结合数字信息技术的影响和县级图书馆建设发展工作的基本情况，有意识地探索服务模式的创新和管理体系的重新构建，保障县级图书馆能打造数字化图书馆建设模式，切实提升图书馆的综合管理和服务效能。下面就对数字时代背景下县级数字图书馆建设的具体路径进行系统的分析。

（一）强化认识，转变理念，提供人才保障

正确的思想认识是推动县级图书馆数字化建设的基础，县级图书馆在全面

探索数字图书馆建设工作的过程中，要强化思想认识，有意识地转变建设理念和建设思想，树立正确的价值观念，从而为建设工作的开展提供人才保障，确保各项建设工作能实现顺利推进的目标。

1. 转变思想观念，加强对县级图书馆数字化建设的重视程度

在县级图书馆探索管理和服务模式创新的过程中，按照数字时代图书馆建设工作的影响，应该注意有意识地转变数字化的建设理念，[1]将思想转变作为开展各项工作的起点，引导图书馆组织人员和管理人员能对数字图书馆的建设形成客观准确的认识，能主动分析数字图书馆建设的要点和需求，从而有意识地从多角度促进数字图书馆建设工作的优化创新，保障县级图书馆数字建设工作能实现高效化发展的目标。在实际促进县级图书馆转变数字化建设理念的过程中，需要结合大数据时代的影响，清醒认识到现阶段社会信息资源的数量已经呈现出急剧增多的情况，数据量的显著提升和增长造成社会整体信息结构出现了相应的变化，非结构化数据所占比例逐渐增多。

在大数据时代，县级图书馆面对海量数据信息所造成的挑战，需要在图书馆管理实践中重新对网络架构进行设计和调整，促进信息资源存储体系的改善和创新，还要按照图书馆管理和服务工作的现实需求，在数字图书馆建设实践中引入相应的软件，创新信息技术支持载体，保障图书馆能在数据库建设的基础上对资源结构进行调整和优化。同时，需要注意的是县级图书馆对于数字图书馆的建设和探索，需要重点结合图书馆建设和管理工作的现实需求，有意识地在图书馆建设实践中对数字资源进行合理化的购置，促进图书文献资源利用率的显著提升，从而对图书馆管理服务中用户的使用成本进行科学的控制，维护县级图书馆数字化建设工作的稳定发展和高效化发展。如此就能转变县级图书馆建设方面的理念，提高图书馆领导人员、组织人员和管理人员的认识高度，引导他们主动参与到图书馆建设实践中，为县级图书馆实现现代化建设和发展的目标助力。

---

[1] 王朝晖. 论高校图书馆数字资源的建设［J］. 企业家天地，2012.

2. 加强图书馆人员管理，构建高素质数字图书馆保障队伍

县级图书馆对数字图书馆建设的探索和实践需要高素质人才的支撑，只有在实际建设工作中人才能紧随数字时代的影响探索管理模式的创新，[1]在数字图书馆建设方面保持较强的责任感和使命感，能以专业的技术和高质量的管理促进数字图书馆建设工作的优化发展，才能提高数字图书馆建设发展的综合效能，为县级图书馆在新时代背景下实现高质量发展的目标奠定坚实的基础。

具体分析，在信息网络资源呈现出几何数快速增长的数字时代背景下，县级图书馆在开展管理工作的过程中应具备较强的信息处理能力，能对图书馆数字化建设的责任和义务进行准确的定位，从而在图书馆管理实践中可以综合应用数据库信息资源、电子文献信息资源等为读者群体提供高质量的服务，保证数字图书馆的建设能更好地促进服务的创新和管理工作的科学化发展，帮助县域范围内读者群体解决阅读环节和信息获取环节遇到的问题，满足群众的信息需求。为此，为了能使县级图书馆在探索数字图书馆建设工作的过程中获得人才保障，就需要结合我国图书馆数字化建设的现实要求和人才需求，对人才开展教育培训，构建高素质的人才队伍。在实际工作中，按照麦克史蒂芬关于图书馆数字化建设方面管理人员素质的要求，在实际工作中对于图书管理人员工作队伍的构建，要重点从以下方面开展教育培训工作，提高管理人员对数字图书馆建设和发展的综合适应能力。

应重点强化图书馆管理人员认识和理解数字图书馆的能力，要求他们能对新技术和新工具的应用进行系统的学习，能在数字化图书馆建设实践中针对电子文献资源和纸质文献资源之间的转换进行合理化的处理，能消除网络信息资源的困惑，能对资源查询方面的目录进行系统的规范和创新，能在适当的情况下为用户提供虚拟的信息咨询服务和帮助，能运用数字化检索工具对图书馆和网络平台上的数字资源进行有效的检索，能在新环境下对资源的分类进行管理，支持资源编目工作的开展，能适应数字图书馆管理工作中涉及的图像信息

[1] 邹克宁．学习《普通高等学校图书馆规程》的启示［J］．体育函授通讯，2002.

和音频信息，能发现图书馆资源体系中的潜在信息员，能对专家需求和群众需求进行汇总，开展差异化的信息化服务工作，能结合新媒体技术的应用探索图书馆服务工作与群众紧密联系，为群众提供针对性的服务，能对社会化数字资源进行挖掘和整合，形成县级图书馆的综合服务优势，能对网络在线知识信息进行分析和挖掘，能促进数据库的建设和管理，能学习先进的数字图书馆建设理论。

唯有如此，面向数字图书馆人才的需求开展人才培养和管理工作，确保在信息环境和数字环境下制订相应的数字图书馆人才培养、管理方案，才能在县级图书馆探索数字图书馆建设工作的过程中，真正成为图书情报领域的专业人才，能顺应数字时代的要求对图书馆进行管理、服务、组织和创新，从而切实增强图书馆管理工作的整体发展效能。

（二）政府和社会协同共建，提供足额资金支持

在县级图书馆数字化建设领域，按照建设工作的现实需求，促进政府与社会的有机协同，对图书馆建设资源和建设模式进行全面整合，有助于提高图书馆建设发展效能，能为县级图书馆实现数字化和现代化建设目标奠定基础，也能进一步彰显县级图书馆的建设和发展总体价值，为图书馆现代化服务模式和服务体系的构建提供强有力的支撑。在政府和社会协同共建数字图书馆的过程中，可以重点从以下方面制订建设方案。

1. 政府加强重视，将数字图书馆建设纳入重点工程

各地区、县级图书馆建设实践中，按照数字图书馆建设工作的实际情况，政府部门应该全面加强对数字图书馆建设的重视，并对本地区公共文化服务体系的建设进行系统的分析，[1]尝试将数字图书馆的建设纳入地方政府重点工程发展体系中，将数字图书馆建设经费与县级财政预算挂钩，针对重点工程开展专项预算工作和专款专用工作，保障加大政府资金投入，促进数字图书馆建设

[1] 余剑．职业技术学校档案管理存在的问题及对策探究［J］．青年时代，2015.

工作的综合发展和全面创新。同时，结合国家精准扶贫政策的要求，县级图书馆在推进数字图书馆建设工作的过程中，可以尝试从政府部门组织开展图书馆建设精准扶贫入手，为县级图书馆数字化建设工作的开展提供强有力的支持，保障建设资金短缺的问题得到合理化的处理，切实推动县级图书馆实现高效化稳定发展。

在实际工作中，地方政府部门可以结合县级图书馆数字化建设制订科学合理的精准扶贫方案，在经济支持和制度保障方面作出相应的调整，在将数字图书馆建设纳入政府重点工程的基础上，要精准化地制定帮扶工作机制，引导县级图书馆构建常态化的自查方案和措施，对图书馆建设工作中遭遇的各类型问题实施合理化的监督和检查，保障在政府的引导下县级图书馆建设实践中能及时对各类问题进行处理，能促进监管工作的优化系统推进，切实保障县级图书馆建设工作实现长效化和系统化发展的目标，为建设工作的科学化发展创造有利条件，切实加快县级图书馆数字化建设发展的总体进程。

2. 加大建设经费投入，完善资金保障体系

县级图书馆具有公益性的属性，县级图书馆对于数字化图书馆的建设和探索，需要经费的支持和保障，因此要将图书馆数字化建设的经费纳入政府预算体系中，明确政府作为投资主体的地位，从而保障经费支持效果，促进县级图书馆资金保障工作能得到系统的贯彻落实。[1]

一方面，中央政府要加强对县级图书馆文化事业的建设发展支持力度，重点针对贫困地区开展图书馆建设支持工作，在资金保障充足的基础上，促进各项数字图书馆基础设施的建设和完善，优化经费投入，从而提高建设效果，[2]使图书馆事业能实现高效化发展的目标，切实优化县级图书馆建设工作的总体发展进程，促使数字图书馆的建设能发挥出应有的价值和作用，能为地方公共文化服务事业的发展助力。

---

[1] 兰岚．新农村文化建设与乡村图书馆的协调发展［J］．云南图书馆，2009.

[2] 郭海强．县级图书馆信息化建设管理问题及对策研究［J］．网络安全技术与应用，2019.

另一方面，地方政府在加大资金投入的基础上，为了保障县级图书馆建设经费支持的作用得到充分发挥，切实优化资金的使用效率，要制定完善的县级图书馆事业发展规划体系和支持保障体系，适当结合每年县级图书馆数字化建设工作的实际情况，逐步增加购置费用，逐层次改变县级图书馆经费短缺的问题，为图书馆数字化服务体系的构建奠定基础。在此过程中，县级图书馆可以从改善数字服务的角度制定各项方针政策，在党的正确领导下将为群众提供数字化服务作为根本性的目标，转变管理机制和服务机制，增加图书馆的建设活力，从而加快县级图书馆的建设发展进程，使图书馆数字化建设资金来源问题能得到科学的处理，切实促进图书馆建设效能得到显著提升，维护图书馆事业稳定、长效化发展。

3．广泛开辟新的资金渠道，吸纳社会闲散资金参与数字图书馆的建设

发挥社会主体共同建设和共同参与的作用，使县级图书馆数字建设工作的开展能得到社会的支持和认可，能形成社会化建设模式，促进建设影响力的逐步提升。在实际引领县级图书馆建设发展的过程中，可以使县级图书馆与本地区范围内组织体加强联系，与经济发展态势较好的企业构建长期合作的关系，通过企业和图书馆的有机合作获取数字图书馆建设的资金，也能在企业和图书馆合作的基础上对图书馆的服务功能和服务范围进行拓展，推动企业文化专题讲座、企业专栏活动等的组织实施，强化图书馆的综合发展效能，引导更多的社会组织参与到县级图书馆社会化建设实践中，提升数字化建设综合效果。

值得一提的是，为了能获得充足的资金，在数字图书馆建设实践中，还可以树立全民监管的工作理念，呼吁本地区范围内的全体社会民众共同参与到县级图书馆的建设发展实践中，引导用户为数字图书馆建设献言献策，使数字图书馆的建设能与群众的具体工作需求相对应，从而开辟新的图书馆建设组织体系，优化建设效果，为县级图书馆建设工作的全面开展和系统创新提供良好的支持。这样就能在县级图书馆探索数字图书馆建设的过程中，形成技术优势和资金优势，保持建设工作的稳定性和长效性，切实促进县级图书馆建设工作的科学稳定发展，帮助图书馆在服务社会过程中创造巨大的效益。

（三）建立特色数字资源库，完善数字资源体系

对于县级图书馆数字图书馆建设工作的开展而言，特色数字资源库体系的构建能为数字图书馆的建设发展提供强有力的支持，也能增强特色图书馆建设的稳定性和高效性，切实优化建设发展的综合效果。换言之，县级图书馆对于数字化建设的探索，不仅要对纸质文献资源进行系统的开发和整合应用，还要对网络数字资源进行开发和整理，促进数字资源库系统的构建。

1. 合理配置数字资源，规划数字资源体系

在县级图书馆探索数字化图书馆建设的过程中，图书馆管理人员应该结合数字化建设工作的具体需求和基本组织情况[1]，对馆内数字资源文献的购买比例进行适当的调整和规划，协调纸质文献资源与数字文献资源共存的关系，并且对于数字资源与纸质资源结构的控制，应该尽量控制在3∶1左右，还要逐渐增加对数据库的采购比重，使公共图书馆建设发展能更好地与数字时代和信息时代的需求相适应，提升图书馆数字化建设的综合效果。同时，图书馆在探索数字资源体系建设工作的过程中，要注意有意识地对自身馆藏文献资源进行整合，避免出现电子资源和纸质资源过度重复的问题，要注意引入有序处理模式整合数字资源，分门别类地促进资源的优势共享，保障数字图书馆建设能取得良好的发展效能，为用户更加便捷化的检索数据信息创造便利。

此外，县级图书馆对于数字资源体系的建设，要构建全局意识，及时结合数字时代的影响转变工作思路，积极参与到县级数字图书馆电子资源体系的建设发展实践中，保障数字图书馆建设过程中能逐步形成相对科学合理的信息存储环境，满足用户群体的发展需要。如此就能在县级图书馆建设实践中，按照数字图书馆建设需求对数字资源体系进行建设和规划，保障建设工作的系统创新，为县级图书馆在现代社会实现数字化发展和现代化发展助力。

---

[1] 刘光华．试论图书馆人才资源开发与管理［J］．中共银川市委党校学报，2010.

2. 图书地方特色，构建特色数据库体系

县级特色数字图书馆的建设需要特色数字资源库的支撑，只有在建设实践中能对特色数据资源进行系统的整合，[1]对数字资源体系进行建设和完善，才能彰显特色数据库的建设优势，保障县级图书馆建设工作的稳定发展。

在数字时代背景下，县级图书馆管理人员应该深刻认识到人们对于图书馆信息资源的要求较高，并且要求对数据资源和信息资源进行整合开发，更为重要的是能按照用户的需求提供特色的数据信息资源，形成真正的特色数据库，形成资源优势，保障服务工作的开展能获得群众的支持和认可。因此在县级数字图书馆建设发展实践中，一方面应该结合县级图书馆的地域优势和馆藏优势，对数字资源的整合进行分析，促进特色数据库的构建，如特色抗战文献数据库、地方戏曲剧种数据库等，彰显数据库优势，为群众提供高质量的文献资源服务和信息检索服务。另一方面，要发挥互联网信息技术的优势，对网络上特色馆藏信息数据进行筛选、甄别、加工、整合，引入图书馆数据库系统，对虚拟数字图书馆进行开发，有意识的对本馆数据库信息进行不断地更新，形成相对完整的特色数据库系统。例如，对契合青少年的文献数据资源进行系统的整合，就可以探索完善数据库系统的构建，确保数据库的建设能契合地方青少年文化教育的需求和成长的现实需要，开发专门的服务体系，彰显数字图书馆建设发展优势，切实促进区、县级图书馆建设效果得到全面提升。

3. 完善数据库标准体系建设，促进数字图书馆建设标准化和规范化发展

在数字时代背景下探索区、县级数字图书馆特色数据数字资源库建设，是图书馆信息资源整合和现代化建设的重要标志，并且现阶段随着时代的发展和创新技术的广泛应用，一些大型的公共图书馆已经在特色馆藏资源建设和数据库建设方面作出了相应的探索，逐步形成了能彰显个性特征的资源，能为本地区经济社会的发展和科研领域的创新提供良好的支持。因此为了保障特色数据库建设的稳定性和规范性，县级图书馆在探索构建特色数据库服务体系的过程

[1] 夏有军．衢州数字图书馆特色资源库建设［J］．黑龙江史志，2013.

中，需要重点对建设标准和建设规范进行整合，有意识地结合县级图书馆的实际情况制定能契合数字图书馆建设的特色数字资源库建设统一标准和规范，要求各地区、县级图书馆能严格按照规范开展各项工作，提升工作效能，维护县级数字图书馆建设工作的稳定高效发展。

（四）加强共享平台建设，提高服务质量

县级图书馆数字化建设实践中，资源共享平台的构建和服务质量的提升，关系到建设工作的稳定性和高效性，与县级数字图书馆服务工作的高质量开展也存在密切联系，具有极其重要的研究和探索价值。在县级图书馆引入数字化建设模式，针对数字图书馆建设发展进行分析的过程中，要将共享平台的建设作为基础，有意识地促进服务质量的全面优化。

1. 搭建共享平台，优化服务管理

县级数字图书馆建设实践中，资源共享平台的建设能提高图书馆建设效果，有助于促进图书馆综合服务模式的全面创新，对于图书馆现代化服务体系的构建也能产生积极的影响。具体分析，图书馆网站是县级图书馆为读者群体提供信息共享服务的重要平台，借助图书馆网站的建设能更好地展现图书馆服务特色和馆藏资源特色，提高服务效果。因此县级数字图书馆建设实践中，[1]要重点对信息技术的应用进行系统的挖掘，建设图书馆网络共享平台，优化平台管理工作，带动服务模式的全面创新。

一方面，可以尝试在共享平台的网站上设立专门的信息共享专题服务板块，为群众介绍一些能凸显地方特色的文献资源和图书资源，还可以按照数字资源共享的情况开发意见专栏，方便对用户馆藏数据信息进行搜集和检索，了解用户对于文献服务的意见和建议，从而动态化地对服务工作进行调整和优化，确保用户可以结合自身需求情况对文献资源进行检索、阅读和查找，提高服务的针对性和有效性。

[1] 田英萍．拓宽图书馆服务领域构建公共文化服务体系［J］．农业图书情报学刊，2009.

另一方面，县级图书馆可以在共享平台建设实践中加强与省市图书馆的有效合作，构建共建共享的服务平台系统，形成省市县的多级联动效应，通过区域合作的方式对模拟馆藏进行调整和优化，使图书资源共享平台能有效对读者的阅读空间进行拓展，为数字资源的多元优势共享助力。此外，要发挥新媒体时代的优势，县级图书馆可以在搭建图书文献数字共享平台的过程中将微博平台和微信平台作为依托，设置专门的数字文献资源检索窗口，对图书馆文献资源进行推广，切实优化服务管理的综合发展效能。

2. 创新资源共享模式，提升服务综合质量

县级图书馆数字化建设工作中，数据资源的共享和服务模式的全面创新联系相对较为紧密，因此要想提高服务工作的综合效果，在实际工作中还要注意对资源共享服务模式进行调整和优化，为服务质量的全面提升提供良好的支持。具体而言，在县级数字图书馆建设实践中，应该深刻认识到当前图书馆在文献资源共享方面存在的应用系统多、功能不统一方面的问题，因此为了针对这些问题进行处理，在县级图书馆探索数字资源共享工作的过程中，要注意与合作单位对共享服务模式进行分析，顺应用户信息获取的习惯和要求，[1]设计简单、高效、服务便捷的页面争取获得用户的支持和认可，为信息的高效化共享助力。例如，传统图书馆门户网站承担着图书馆信息推送和信息宣传的重要任务，但是网络时代背景下用户使用手机终端完成阅读活动已经成为主流模式，因此图书馆在开展信息推送和资源共享服务工作的过程中，要结合用户习惯的变化和服务需求的调整，对服务工作进行调整和优化，提高受众对信息资源共享的接受度。具体来说，在数字图书馆建设实践中，县级图书馆可以结合数字技术和信息技术的应用，引入微信身份识别绑定的方式对服务工作的开展进行调整，赋予用户更多的身份，使用户从资源获取者逐渐转变为资源提供者、资源共享者，在彰显服务优势的基础上，全面提升县级图书馆数字化建设的稳定性和高效性。

---

[1] 安蓓．网络环境下图书馆整合性服务与资源共享研究［J］．传播与版权，2019.

唯有如此，县级图书馆共享服务平台的构建才能取得良好的发展效能，也才能为新时代背景下图书馆数字服务体系的开发和创新提供强有力的支撑，切实加快县级图书馆的整体发展成效，为新时代背景下图书馆多元化、创新化和数字化服务模式的构建奠定基础。

（五）创新技术应用，提高管理水平

技术的创新是提高图书馆服务水平，促进县级数字图书馆建设工作稳定、高效化开展的前提和基础，新时期在县级图书馆针对数字图书馆的建设进行探索的过程中，借助技术的创新和管理模式的优化，能形成新的管理体系和管理模式，保障县级数字图书馆服务体系的构建能取得良好的发展成效。具体来说，技术的创新是提高数字图书馆建设效果和管理水平的基础，新时代背景下县级数字图书馆建设发展过程中，可以从以下角度促进技术的创新和管理水平的全面优化。

1. 转变技术观念，探索新技术的引入

技术的创新是提高县级数字图书馆建设效能的基础性工作，并且技术的创新也能对县级数字图书馆的综合管理工作开展产生积极的影响，促进管理模式的重新构建。因此在推进县级数字图书馆建设发展的过程中，各地区公共文化事业的主管部门以及各地区地方政府、县级数字图书馆建设领导人员，应该充分认识到技术创新的重要性，有意识地按照技术创新的需求转变传统的管理理念，结合数字图书馆的发展需要和数字化服务模式和服务体系的构建需求，有意识地引入新技术和新模式，对县级图书馆管理工作进行调整和优化，保障可以借助新模式、新技术手段的广泛应用，切实提升县级图书馆数字化建设的综合效果，使图书馆的自动化服务、智能化服务水平得到显著的提高，在整体上增强数字图书馆建设工作的综合发展效能。

2. 开发数字孪生技术，开发新资源共享技术体系

在对县级数字图书馆技术创新进行探究的过程中，数字孪生关键技术基本

上涉及高可信度预测分析技术、多物理多尺度的建模技术以及高时效性的数据交互技术等。在引入数字孪生技术的工作中，探索多物理多尺度建模技术的应用，❶能在图书馆管理工作中更好地展示物理实体在图书馆真实环境中的运作状态和基本的运行情况，对图书馆数字化服务工作的开展状况做出客观准确地判断。而在完成高保真度建模工作后，借助物理实体运行数据库的交互使用，能将数字图书馆运作方面产生的数据向数字孪生体转移，数字孪生体在数据分析的基础上对数字图书馆运营管理工作中的预测结构以及对物理实体行为控制方面的信息向物理实体共享。

在县级数字图书馆的建设实践中，数字孪生技术的应用和创新能对图书馆发展空间和服务空间进行多维度地模拟，确保实体图书馆在现实世界中的运作能表现出信息共享的特点，可以形成对现实世界信息资源的映射和交互，从而提高信息运作的整体效果，为县级数字图书馆高质量地开展各项管理工作，全面提升服务水平创造有利条件，也能助力县级数字图书馆在运作方面实现对图书文献信息资源的有效整合和共享，真正做到为读者群体提供高质量的综合服务，保障各项建设工作高效化的开展，为现代社会县级图书馆服务模式的构建和数字化服务体系的全面创新提供良好的支持。

3．开发数据库共享技术，促进资源协同共享

县级数字图书馆探索技术创新活动的过程中，可以从信息资源协同共享数据技术的应用角度进行分析，借助信息资源协同共享数据技术的有效应用，实现对信息资源的多元化共享，提高数据库建设效果，❷保障大数据技术的支持下数据库建设工作的开展能取得良好的发展效能。在实际工作中，对信息资源协同共享数据技术进行探索和开发，要将对有效数据库的构建作为前提，在先进技术的支持下针对数据进行合理的分析和预测，全面掌握县域范围内读者群体的阅读偏好、阅读时间、阅读规律等，使读者服务工作的开展与大数据服务

❶ 赵佳瑜．数字孪生技术下的图书馆信息资源共享研究［J］．内蒙古科技与经济，2020.

❷ 蒲刚．融媒体时代下提高传统媒体传播力的策略分析［J］．卫星电视与宽带多媒体，2019.

的创新有机结合在一起，争取能在对服务模式进行创新的实际过程中体现出人性化服务的特点和规律，进一步彰显图书馆服务社会的作用，提高服务效果。

在县级数字图书馆的建设和发展实践中，要认真做好数据信息的挖掘和利用工作，引导管理人员有效应用数据挖掘技术对相关数据信息进行系统的开发，按照用户群体的个性化服务需求对服务工作进行调整和优化，拓展服务的覆盖范围，增强服务工作的综合影响力。同时，在共享理论的支撑下，对于数据技术的创新，还可以重点开展数据信息的挖掘和整理工作，对数据挖掘技术进行全面优化，保障技术创新工作的开展能不断对数据存储量进行拓展，从而满足高质量的服务需求，强化数字图书馆建设工作的整体发展效能。如此就能形成信息资源协同共享数据技术创新模式，全面提高图书馆数字化建设工作的综合效果，使县级图书馆建设工作高质量推进。

4. 完善图书馆信息管理系统，创新技术体系

在县级图书馆的建设发展实践中，完善信息管理系统的构建也能借助技术的创新对图书馆综合管理工作的开展产生积极的影响，[1]提高图书馆综合管理质量。因此县级数字图书馆建设实践中，要注意对图书馆信息管理系统进行系统的整合和全面的创新，重点对图书馆的综合服务功能进行全面的开发，使图书馆在工作实践中能增加图书查询、图书删除、图书借阅、电子图书检索方面的综合服务功能，为读者群体开展各项管理工作创造便利。

具体来说，在数字化时代背景下，图书馆建设发展实践中要注意按照县级数字图书馆建设和管理工作的现实需求，重点引入数字化管理模式，开发系统化的管理软件，构建完善的数据系统，在系统管理模式的支撑下增加图书馆文献资源管理和共享的便捷化程度，在提升数字图书馆建设效果的前提下，使图书馆管理工作的开展能与读者需求相对应，优化综合管理效果。如此就能在完善图书馆信息管理系统的支撑下，有效减少工作人员的工作负担，为读者群体提供高质量、便捷化的人性服务，促进服务效能的显著增强，为新时代背景下

[1] 杨宏丽 . 新形势下图书馆信息化管理的发展趋势探讨［J］. 科教导刊（上旬刊），2016.

图书馆综合服务体系的系统构建提供良好的支持。

5. 引入图书馆共享数字资源宣传和推广技术，构建新的技术服务体系

图书馆管理模式的创新和服务效能的彰显还从宣传推广技术的应用角度得到体现，只有对宣传推广方面的技术进行创新，才能提供个性化服务和精准化服务，优化服务工作的整体水平。在探索图书馆共享数字资源宣传和推广工作的过程中，可以按照需求的基本情况构建移动性数字服务技术和服务平台，方便读者群体能通过扫码的形式进入数字图书馆获取相关信息，能对电子书目进行适当的检索和应用，促进服务范围的拓展和延伸。此外在引入先进数字资源推广服务技术的过程中，还能促进数字化服务体系的构建和服务模式的创新，保障服务的系统化和高效化，为服务工作的创新推进奠定坚实的基础。如此就能在县级数字图书馆建设实践中，构建完善的技术支撑体系，促进综合服务模式的全面创新，切实优化图书馆的建设发展成效，为现代社会背景下图书馆综合服务能力的强化奠定基础，加快数字图书馆的建设发展总体进程。

（六）丰富载体，构建移动阅读新模式

在县级图书馆的建设发展实践中，对服务载体的丰富和阅读模式的创新提高综合服务效果，也能使图书馆服务工作的开展展现信息时代和数字时代的特色，提高综合服务效能。因此应该注意从丰富阅读载体的角度，对县级图书馆阅读服务模式进行全面的调整和优化，切实促进综合服务工作的高效化和高质量推进。

1. 创新阅读服务载体，优化阅读推广服务

县级图书馆对于数字阅读模式的构建和数字化图书馆发展体系的创新，[1]应该深刻认识到丰富阅读服务载体的重要性，在实际工作中应该有意识地借助阅读载体的创新对阅读服务工作进行调整和优化，从而全面提高阅读服务工作的综合发展成效。在对图书馆阅读服务载体进行全面创新的过程中，县级图书

[1] 姚宁．微媒介浪潮下图书馆数字阅读推广“微”服务模式构建研究［J］．河北科技图苑，2016.

馆可以借助移动网络、手机电脑等多种媒体服务方式促进阅读推广，也可以选择在县域范围内人流量密集的地区设置阅读机、电子阅读设施等，在村镇建设电子书屋阅读平台，方便本县范围内群众有意识地参与到阅读学习实践中，提高阅读学习的综合效果，保障学生的综合阅读能力和实践探究能力得到相应的培养，切实促使县级图书馆的价值和作用得到进一步彰显。例如，漳平市县级图书馆探索数字化建设的过程中，为了提高数字图书馆的建设发展效能，就开发了电子阅览室建设模式，在数字图书馆服务体系中引入了电子阅览室管理软件，能对虚拟电子空间中的阅读服务情况实施合理化的管理，从而提高图书馆的综合管理效能，保障图书馆高质量发展。同时，在数字图书馆建设的过程中，还注意结合数字图书馆的开发促进阅读推广服务体系的重新构建，设置了新的阅读推广模式，能支持数字图书馆的系统建设，也能为新时代背景下电子图书馆的建设和开发提供良好的支持。

2．开发移动阅读服务，创新移动阅读新模式

县级数字图书馆建设工作的开展关系到阅读服务模式的创新与服务效能的提升，因此结合新时代背景下数字技术和信息技术在图书馆建设开发工作中的合理化应用情况，在实际推进数字图书馆建设工作的过程中，可以有意识地对移动阅读服务进行开发，构建新的数字移动阅读新发展模式，增强数字图书馆的综合移动服务效果。在此过程中，图书馆结合数字信息技术的有效应用，可以尝试引入互联网＋移动阅读服务创新的思想，在开展阅读服务模式的过程中重点对阅读载体和服务模式进行改进，整合县级图书馆的服务资源探索服务体系的重新构建，从而循序渐进地提高服务效果，使移动阅读服务模式的构建能满足图书馆的现实需求。具体来说，在对县级图书馆移动阅读服务进行全面创新的过程中，可以重点组织开展以下方面的各项工作。

首先，开发微信微博数字图书馆服务方式，依托时效性资讯促进阅读信息的传播，方便读者群体的浏览。在实际工作中，县级图书馆管理人员需要加强对网关控制通道的管理，探索海量数字文献信息资源的有效嵌入，以科技攻关

为基础促进技术服务的创新，构建先进的、创新化的移动阅读服务综合模式，形成高质量的服务体系。

其次，结合县级图书馆社会公益性的特点，在数字图书馆建设实践中，要注意对有关程序进行适当的开发，促进数字图书馆服务模式在多种程序体系中的有效应用，从而方便读者群体能借助程序平台进入图书馆服务系统中，获得个性化、创新化的服务，增强图书馆数字服务的综合影响力和服务效能，全面优化图书馆整体服务效果。

最后，按照数字图书馆建设需求以及读者群体的阅读服务需求。在对图书馆服务模式进行开发的过程中，还注意对网络体系内部海量的资源进行整合和转化，从方便读者群体下载相关资料、有效参与阅读活动的角度制订相应的转化方案，让读者群体能够随时随地地参与到阅读服务活动中，实现对阅读模式的有效创新和阅读推广工作的系统构建，从而切实彰显县级数字图书馆的综合服务价值。

如此在探索县级图书馆数字服务工作的过程中，就能依托丰富的载体推进移动服务新模式的重新构建，从而彰显县级图书馆综合服务工作的整体影响力，加快图书馆的建设发展进程，为新时代背景下县级图书馆的现代化建设助力，[1] 使县级图书馆在数字时代背景下能获得高质量的发展。

---

[1] 崔铁军．互联网＋时代公共图书馆服务体系发展战略研究［J］．经济技术协作信息，2016.

第六章

移动数据在县级公共图书馆建设的应用

移动数据在县级公共图书馆智能化建设、现代化建设中的应用，能充分发挥移动数据资源的应用优势，提高县级公共图书馆综合服务效果，助力图书馆建设工作的高效化发展和系统化创新。针对移动数据支持下县级公共图书馆建设工作的开展进行分析，图书馆应该深刻认识到移动数据服务系统建设的重要性，以系统平台的开发为基础促进服务模式的全面创新，切实增强县级图书馆综合服务工作的整体影响力，优化服务工作的整体发展效能。

（一）县级公共图书馆智能化移动数据服务系统

在移动数据资源逐渐丰富和多元化发展的时代背景下，县级图书馆重点针对图书馆的建设发展情况进行全面系统的分析，能深化对图书馆建设发展方向的正确认识，有助于展现移动数据的应用优势，促进县级公共图书馆建设工作的稳定高效发展。因此在新时代背景下县级公共图书馆探索移动智慧图书馆建设工作的过程中，要注意将智能化移动数据服务系统的构建作为基础，结合需求分析制订合理化的管理方案，为县级公共图书馆的稳定、长效发展创造条件，保障读者群体的综合服务需求得到极大的满足。在实际对县级公共图书馆智能化数据服务系统进行建设和开发的过程中，需要重点做好以下工作。

1. 对移动数据服务系统的构建需求进行分析和定位

县级公共图书馆对移动数据服务系统的建设，应该将建构需求的调查作为前提，只有能结合需求情况组织开展各项建设工作，才能提高建设工作的综合效果，突出系统建设与县级公共图书馆服务创新的契合度，真正实现智能化服务的目标。在县级公共图书馆发展实践中，可以重点针对政府需求、读者需求社会需求、以及管理者需求进行全面系统的分析。

首先，了解政府对县级公共图书馆智能化移动数据服务系统建设的要求，从支持地区范围内公共文化服务事业发展的角度对系统进行设计和规划，确保建设系统工作的开展能为地方政府行政管理、决策制定提供相应的参考。

其次，解析社会对图书馆服务系统的建设需要，针对新媒体时代背景下县域范围内社会文化事业的发展需求进行探索和分析，从社区、社会组织对图书馆文化宣传和资源共享需求等角度，对智能化的移动数据服务系统进行设计，使服务工作的开展能与社会需求相对接，为社会群众文化服务工作的高质量开展创造条件。

再次，全面解析读者群体的服务需求，按照县级公共图书馆建设智能化移动数据图书馆的基本组织情况进行分析，尝试在工作实践中引入图书馆个性化服务系统，能按照新时代背景下读者需求的变化情况制订针对性的阅读服务方案、图书文献资源检索方案，并对图书馆借阅服务工作进行调整，依托微博、微信等平台对服务系统进行创新，增强服务拓展性，为读者群体提供智能化、个性化的高质量服务。

最后，针对管理者的需求进行准确的定位，对县级公共图书馆管理者和图书管理员的情况进行调研，了解数字时代背景下他们对于图书馆智能化移动数据服务系统建设的意见和建议，了解他们的工作诉求，从而从满足管理者需求的角度对服务系统进行设计和优化，构建完善的图书采购系统、图书借阅系统、读者管理系统、图书文献资源管理系统、财务管理系统、信息反馈系统、行政管理系统、电子文献管理系统、新书发布系统、对外宣传系统等，能为县级公共图书馆管理人员开展管理工作创造便利，切实彰显智能化移动数据服务系统的工作优势，保障系统运行效能得到全面提升。

2．对智能化移动数据服务系统进行合理化的设计

县级公共图书馆对于智能移动数据服务系统的设计和开发需要将系统框架的设计作为前提，将设计工作的全面贯彻落实作为基础。在工作创新实践中，按照县级公共图书馆智能化移动数据系统构建和应用的需求，要尝试将移动数据服务系统建立在信息的全面采集和应用基础上，并且要将系统数据库体系的构建作为核心，保障借助数据库系统的构建能促进服务系统作用的全面彰显，从而优化建设工作的综合效果。

首先，积极推进基本数据库和结果数据库的构建，在基本数据库的建设实践中可以重点对图书采购库、读者库、图书库、管理员库、图书借阅库、图书财产库、馆藏文献资源库、电子数字资源库、其他相关数据库的建设和开发，[1] 在统计结果数据库的建设方面，要重点针对服务库、业内工作库以及其他相关统计结果数据库进行开发，使数据库的建设和开发能为智能化移动数据服务系统的建设和运行提供良好的资源支持。

其次，优化信息智能移动管理系统的设计，为移动数据服务系统的稳定运行和系统作用的发挥奠定基础。县级图书馆在对信息智能管理系统进行设计和开发的工作中，需要有意识的对图书馆数据信息智能化查询和分析系统进行完善，并按照移动数据服务创新的需求，重点对移动数据文献资源进行适当的开发，有机协调相关参数计算方法之间的关系，确保在系统运行方面能体现移动数据服务的优势，支持县级公共图书馆数字化建设、智能化发展的效果。针对图书馆中的各类型信息开展智能化分析工作，按照社会服务需求、政府服务需求、读者服务需求以及管理者服务需求，有针对性地对服务模式和服务措施进行调整和创新，高质量的开展定点、定向服务工作，为县级地区范围内特殊群体、重点群体提供高质量的、人性化的综合服务。

值得一提的是，在对移动数据服务系统进行设计和开发的过程中，为了能

[1] 陈大莲．高校图书馆地域文化数据库的构建与优化——以“闽都历史文化名人［J］．闽江学院学报，2013.

突出移动数据管理的特点和优势，还要注意探索微信、微博平台的应用，重点对移动客户端进行开发，使智能化服务系统的建设向移动客户端转移，增强服务工作的影响力，确保为图书馆特色服务体系的构建和移动数据服务模式的创新提供强有力的支撑。例如县级图书馆对于智能化数据服务系统的设计，就可以将微信公众号服务模式的构建作为依托，将图书借还子系统、活动推广子系统、服务通知子系统、电子文献资源管理子系统等向移动客户端转移，形成特色服务系统的建设品牌，拓展县级公共图书馆服务工作的整体影响力，切实保障服务工作的开展能取得显著的成效。

如此就能在智能移动数据服务创新实践中，彰显图书馆的技术优势，切实形成智能化的综合服务系统，在满足多方主体服务需求的基础上，也为图书馆在县域文化建设事业、经济建设事业、教育建设事业的发展提供有力支撑，保障图书馆可以更好地发挥其价值和作用，切实助力新时代背景下智能化移动数据服务系统的设计和构建能取得显著的发展效能。

（二）县级公共图书馆个性化信息服务

县级公共图书馆结合移动互联网时代的影响全面促进图书馆个性化信息服务的创新，能在新时代背景下构建个性化的信息服务模式，使服务工作的开展能与一定互联网时代相适应，可以促进移动数据资源的多元化和系统化应用，从而提高服务工作的综合影响力，明确支持县级图书馆的建设和发展。

1. 个性化信息服务的必要性

在现代移动互联网技术在社会范围内得到普及推广和应用的背景下，公共图书馆作为重要的信息资源服务机构和资源管理机构，结合移动数据资源的应用探索图书馆信息资源管理和服务模式的创新，成为重点研究课题，十分有必要进行系统的探究。具体针对县级公共图书馆在服务创新方面的需求和要求进行分析，能看出个性化服务模式的构建具有极其重要的价值和意义。

首先，移动互联网时代读者需求表现出多元化和多样化的发展状态，传统图书馆读者服务模式已经无法与时代发展需求和读者多元化的服务需要相适应，要求县级公共图书馆在对服务体系进行创新的过程中，[1]引入个性化服务模式，通过移动数据的分析支持个性化信息服务的有效开展，促使不同类型图书馆读者用户的多元化需求得到极大的满足。

其次，人性化服务理念要求践行个性化服务思想。移动互联网时代群众的服务需求出现变化，如何满足读者群体的个性化需求引发广泛关注，特别是在全社会范围内积极倡导以人为本服务理念的背景下，在县级公共图书馆借助移动数据的支持开展文献资料信息服务和个性化服务的基础上，能有效展现个性化服务工作的效能，有助于促进图书馆在移动数据的支持下实现个性化发展，切实保障服务工作的综合影响力得到进一步优化。县级公共图书馆在开展信息服务工作的过程中，注重促进人本主义理念的发展和践行，并且在工作中希望能对传统的信息服务模式进行全面调整和系统的优化，重点探索了县级公共图书馆馆藏文献资料丰富和拓展、读者上门服务的创新等模式，这与新时代背景下公共图书馆服务模式的创新发展具有极其重要的联系，要求图书馆在发展实践中能顺应时代发展潮流，可以有意识地促进服务模式的改革，促进个性化信息服务模式的创新，提高个性化信息服务的建设发展效果，为读者群体提供针对性、有效性的服务。

最后，庞大无序信息资源管理和整合要求提供个性化服务。信息时代背景下县级公共图书馆发展过程中馆藏文献资源表现出不断扩展的发展态势，并且受到信息技术普及应用的影响，在图书馆信息化建设实践中，涉及的庞大无序资源逐渐增多，这会影响图书馆读者服务工作的综合效果。为此，为了解决读者群体服务工作中存在的问题，制订个性化的读者服务方案，就需要积极推进个性化信息服务模式的构建和开发，切实借助现代信息技术的有效应用对服务体系进行全面创新，增强服务工作的综合影响力，保障新时代背景下读者群体服务能获得良好的发展，可以产生巨大的发展动能，确保各项工作的开展得到

[1] 曹尔玺 . 在当今信息时代县级图书馆如何为读者服务［J］. 大众文艺，2015.

读者群体的高度认可。

2. 个性化信息服务模式的构建

县级公共图书馆对于个性化服务模式的探索将读者群体作为中心，主动结合时代发展需求对信息服务工作的开展进行系统的分析和探索[1]，并且针对读者与用户之间的双向信息服务流通作出了相应的研究，高度重视读者群体的信息服务高质量性和专业性，力求能够实现智能化服务工作。县级公共图书馆现阶段要想促进服务体系的全面构建，就需要结合个性化信息服务模式的构建进行具体的研究。下面就结合移动数据的应用对县级公共图书馆个性化服务模式的构建进行细化解读。

其一，结合移动数据的应用对图书馆特色馆藏文献和馆藏数据资源进行整合，凸显地方特色推进县级公共图书馆特色文献资料数据库的构建和移动数据库的开发，结合移动数据的支持推进图书馆馆际合作工作的深化发展，使图书馆在开展读者服务工作的过程中，能实现优势互补，促进图书馆的信息服务内容和范围得到进一步拓展，以便于高效化地发挥公共图书馆个性化服务的价值和作用，实现对图书馆综合服务模式的全面创新，展现个性化服务的价值和作用。[2]

其二，结合移动数据的支持对个性服务模式设计和创建过程中信息服务对象进行整体性的分析，按照个性化服务需求构建相应的信息服务应用，使县级公共图书馆信息服务工作的开展能为本地区群众、本地区科研机构、社会组织等提供相应的服务，突出服务的多元性、针对性和有效性，借助移动数据的支持强化服务的便捷化程度。

其三，结合移动数据搭建特色化个性化信息服务提供平台，既能够在移动数据载体的支撑下采用信息定制的个性化服务模式，也可以采用特色专题服务的方式对个性化信息服务进行开发，在移动数据技术的支撑下保障个性化信息

---

[1] 郭改青．论县级公共图书馆个性化信息服务模式与发展策略［J］．才智，2013.

[2] 陈小磊．图书馆数字资源个性化服务关键技术分类研究［J］．情报探索，2013.

服务互动化推进和开展，提高服务的综合影响力，彰显个性化信息服务工作的实践应用价值。

3. 个性化信息服务的发展战略

结合移动数据支持下县级公共图书馆个性化服务模式的开发进行分析，在图书馆实际对个性化信息服务模式进行创新的实践探索活动中，为了提高个性化信息服务的水平和效果，促进服务工作常态化发展，还要重点针对服务发展战略的制定进行深入探索。

首先，拓展资金获取渠道，为个性服务模式的构建提供资金支持。在县级公共图书馆对个性化服务体系进行建设的过程中，要注意在政府的领导下，联合社会力量多渠道获取信息服务建设的资金，促进图书馆移动数据资源的整合和丰富，在充足资金的支持下加快县级公共图书馆个性化信息服务自动化建设和多元化发展。

其次，提高个性化信息服务人员的综合素质，保障工作高水平开展。在县级公共图书馆个性化服务建设中，为了保障服务的高效性和高质量性，在实际工作中可以成立个性化信息服务机构，结合移动互联网时代的影响对涉及的移动数据整合需求进行分析，以此为基础打造高素质工作人员队伍，引导他们参与到个性化信息服务模式的建设实践中，保障形成完善的个性化信息服务组织机构，维护各项工作稳定运行。再次，结合移动互联网载体的应用，积极探索县级公共图书馆与其他图书馆之间的有机合作，形成更加全面的信息资源服务体系，能按照用户需求对信息资源服务进行分析，增强用户信息推广的针对性和精准性，切实突出个性化信息服务效果。

最后，移动数据支持下加强对个性化服务文献资料的知识产权保护和用户群体的个人隐私保障，增强个性化服务的安全性和可靠性，使服务工作的开展能得到用户群体的高度支持和认可。

总而言之，移动互联网时代背景下县级公共图书馆是提供信息服务的重要组织机构，图书馆对个性化信息服务的开发和应用，能为图书馆信息服务的全面创新提供良好的支持，[1]有助于彰显图书馆综合服务的优势，为地区范围内公共文化建设事业的发展助力，加快县域和谐社会的建设和发展总体进程。[2]

（三）县级公共图书馆用户隐私保护

移动互联网时代基于移动数据的广泛应用对县级图书馆的管理工作进行创新，在工作实践中要充分认识到用户隐私保护的重要性，并从多角度针对隐私的保护和开发进行分析，保障能在图书馆管理实践中践行《中华人民共和国公共图书馆法》，重点对读者隐私信息实施针对性的保护，不得出售读者隐私或者向其他群体提供读者隐私。因此在移动数据时代图书馆建设发展实践中，要重点关注读者隐私的保护和开发，全面提升读者隐私保护工作的综合效果。具体可以从以下角度深入推进图书馆用户隐私的保护工作。

1. 完善立法体系，增强保护效果

移动互联网时代背景下，随着信息交流的逐渐频繁，用户隐私保护也逐渐引发广泛关注，如何在对移动数据进行系统开发的基础上全面加强对用户隐私的保护，成为重点研究课题。在此情况下，县级公共图书馆的上级管理部门以及我国立法部门，要深刻认识到图书馆服务工作中用户隐私保障的重要性，有意识地结合图书馆管理服务工作的实际情况，探索用户隐私权的保障，将隐私权作为独立人格完善立法规定，促进法律保护工作的优化创新推进。在具体工作中，地方政府部门以及立法部门需要结合县级公共图书馆服务工作的基本情况进行分析，借鉴西方发达国家在图书馆立法保障方面的成功经验，有意识结合县级公共图书馆用户隐私保护工作的需求对相关法律法规进行完善和创新，确保能在工作中为用户隐私权的保护提供法律保障和法律依据，提高保护成效，使用户能放心参与到图书馆阅读活动和资源整合活动中。

2. 规范读者隐私权保障声明

县级公共图书馆对于读者隐私权的保护是最重要的责任和义务之一，而公

---

[1] 尹汉雄，任硕实. 人工智能技术在公共图书馆信息检索中的应用［J］. 电子技术与软件工程，2019.

[2] 郭晓风. 互联网环境下的公共图书馆图书资料管理分析［J］. 大众文艺，2018.

共图书馆在读者隐私保护方面的具体做法和方案，能增强图书馆与读者的联系，使图书馆在群众的监督下自觉加强保护，提高隐私权保护效果。在对隐私权保护声明进行规范的实践探索活动中，县级公共图书馆可以尝试借助我国大型图书馆的成功经验，对浙江省图书馆、中国科学院文献情报中心以及江西省图书馆等在这方面的探索进行分析，制定能契合县级公共图书馆自身发展需求和隐私保护需求的保障声明并进行公示。

一般读者隐私权保障声明主要涉及以下内容：

（1）对读者个人信息保障进行声明，公开明示读者办证需要留下的信息，如身份证号信息、读者姓名信息、读者手机信息、读者邮箱信息等，使用户能客观了解图书馆服务工作中会获取哪些信息。❶

（2）公示读者可能出现隐私泄露的途径，如向读者群体公示在接受哪些服务的过程中，可能遭遇个人隐私泄露的风险，如何对个人隐私提供情况进行判断，怎样处理不想提供的个人信息。

（3）公示图书馆在读者个人隐私保护方面所采用的措施，在声明中要对图书馆采取的主要措施进行介绍和明确，如“本网站将读者所提供的个人资料进行严格的保护和管理，引入先进的保密技术，防止出现读者隐私泄露的情况。”❷本图书馆会定期组织开展数据保密工作的处理。

（4）公示免责声明，告知读者在遭遇不可抗力隐私的情况下，图书馆仍然可能会出现个人隐私泄露的情况，并且对可能遭遇的泄露内容和方式进行公示。县级公共图书馆对读者隐私权保障声明进行公示，可以让读者群体更加全面地了解隐私保护的情况，也能增强图书馆读者隐私保护的规范性和有序性，切实优化读者隐私保护的综合效果。

3．完善隐私保障规则和服务流程

县级公共图书馆对于用户个人隐私保障的探索，需要对保护流程和保障规

❶ 宋文秀 . 数字时代图书馆读者个人隐私保护现状与策略探析［J］. 图书馆工作与研究，2019.

❷ 王肃之，翟军平 . 美、英国家图书馆读者个人信息保护政策的启示［J］. 图书馆，2019.

则进行完善。针对读者隐私保护工作的有效推进，县级公共图书馆在发布申请的基础上，要对隐私保护的制度、策略以及具体的工作职责进行完善。

首先，要制定图书馆读者隐私保护的规则，在规则体系中对图书馆服务工作以及读者获取服务之间涉及的权利义务关系以及职责契约关系等进行明确，按照当前图书馆领域的法律法规对读者隐私涉及的范围进行界定，明确读者遭遇隐私泄露情况下图书馆应该承担的法律责任以及规定的相关处罚条款等。

其次，对隐私保护的服务流程进行建设和完善，针对县级公共图书馆服务工作中涉及读者个人隐私的工作，要按照隐私保护工作的规则重新对服务流程进行调整和优化，形成服务流程闭环，为读者隐私的保护提供相应的支持。如在文献传递服务平台、论文查重服务平台上，针对读者群体提供的数据，在服务流程中要规定信息存留的时间，并设计自动删除信息的环节，还要设置定期清理模块，提高隐私保护效果，减少安全隐患问题。

最后，针对可能会泄露读者隐私的流程，灵活设置读者选项，使读者在实际利用某服务的过程中，可以自己控制信息的留存情况以及信息的删除时间，[1]为读者判断信息的私密性和重要性提供平台，发挥读者主观能动作用支持县级公共图书馆做好隐私保护工作，显著增强图书馆读者隐私保护工作的整体效果。

4. 科学组织开展信息数据利用工作

数据资源是图书馆开展管理服务工作的重要资源，特别是在移动互联网背景下，数据移动资源的有效管理和应用，能显著提高资源保护效果，也能为图书馆各项工作的开展创造条件。在县级公共图书馆管理和服务创新实践中，移动数据资源本身虽然不属于用户隐私，但是在对这些数据信息进行整合、挖掘、分析和加工后，就可能在数据资源中对读者隐私信息进行读取，因此对于图书馆信息数据资源的管理、利用，也需要坚持科学性的原则。例如，在县级公共图书馆开展阅读推广服务工作的过程中，部分图书馆为了能主动服务、吸

[1] 宋文秀 . 数字时代图书馆读者个人隐私保护现状与策略探析［J］. 图书馆工作与研究，2019.

引读者主动阅读，就会将读者阅读书目以及姓名等信息在公众号上公布，这些做法虽然能树立榜样，但是会导致读者隐私泄露的问题。同时，在图书馆服务器中，也存在一些读者信息，这部分信息受到工作需求的影响，往往不会及时删除，图书馆在使用这些信息的过程中，都需要坚持科学性的管理原则，构建完善的数据开发和利用机制，保障在图书馆宣传工作中能形成安全的数据信息利用方法，在维护移动数据资源利用安全性的前提下，为图书馆服务工作的开展和管理工作的创新提供数据信息参照。

5. 重点引入网络安全保障技术

技术保障是开展隐私保护工作的重要基础，在优化图书馆读者隐私保护工作的过程中，探索技术的创新和安全管理水平的提升，能增强隐私保障工作的综合影响力。因此结合时代发展背景，新时期县级公共图书馆在开展隐私保护工作的过程中，要注意关注网络安全，结合移动数据的应用对技术保障进行系统的开发，科学组织推进隐私保护工作。在工作实践中，县级公共图书馆可以尝试从数据的系统安全、存储安全、访问安全以及物理安全保障等角度进行分析，采取相应的专业技术措施，夯实隐私保障的技术基础。具体来说，图书馆在隐私保障工作中，由于 RFID 技术、Beacon 技术等的应用，会增加隐私风险。所以新技术时代背景下，图书馆要重点针对技术保障措施进行探究，按照关于加强网络信息安全的决定，重点对多种网络安全技术进行系统开发，引入防火墙技术、数字证书技术等，形成较为完善的信息安全技术保障体系，有效规避信息泄露、信息损毁和公民个人信息丢失的问题，切实增强信息安全保障工作的效果，为图书馆综合服务工作的稳定运行奠定基础，确保在县级公共图书馆服务工作中可以减少缺陷，提高综合服务工作的效果。

第七章

区、县级图书馆公共文化服务供给体系建设

近几年，国家全面加强对公共文化事业发展的重视，并且在基层公共文化服务改革方面作出了针对性的探索，制定了相应的政策措施，为区、县级图书馆的发展创造了良好政策空间，也有效促进了基层公共文化服务体系的构建和创新。因此区、县级图书馆应结合基层公共文化建设事业的具体工作要求，重点对服务供给体系的创新进行分析，展现图书馆数量众多、覆盖范围广、读者群体大的优势特点，发挥承上启下的重要价值和作用，为基层公共文化服务供给工作的开展创造有利条件。

一、区、县级图书馆公共文化供给理论

区、县级图书馆参与公共文化服务供给工作，需要完善的理论体系作为支撑，下面就结合工作实际需求，对文化供给理论进行系统解读。

（一）公共文化服务的内涵

从公共管理学的视角进行分析，公共文化供给服务就是由社会组织体系中公共部门或者准公共部门开发和提供的，旨在满足公众基础性文化需求的，能

促进公众文化水平和文化素养显著提升的，可以帮助公众获得精神文化享受的文化供给服务，❶主要涉及公共文化的产品和服务的具体行为。在我国全面推进公共文化服务体系建设工作的过程中，涉及的公共文化服务部门主要包含公共图书馆、公共文化馆、档案馆以及博物馆、科技馆等，服务内容包含公共阅读服务、公共教育服务、公共培训服务等。简言之，在现代社会公共文化服务供给体系中，公共文化服务就是执行主体为了使群众对公共文化的基础需求得到满足而提供的文化产品、文化服务、文化活动和文化载体的总称，这些执行主体包含文化事业单位、政府机构以及社会团体等，公共文化服务能发挥出阅读的推广、休闲娱乐、文化传播以及社会教育等方面的价值和作用。

（二）图书馆与公共文化服务供给的关系

区、县级图书馆能支持基层公共文化服务工作的开展，本身与基层公共文化服务存在紧密的联系。

1．图书馆是基层文化服务供给的重要载体和支撑力量

在我国推进基层公共文化服务体系建设的过程中，公共文化服务的供给主要是借助公共文化服务体系的搭建来支撑，而公共文化服务体系的建设主要包含体系的主导者、体系的执行者以及体系建设的参与者三个部分。❷同时由于公共文化服务体系具有公共性的特点，因此其主导者是公共部门，参与者主要涉及提供公共文化服务的组织和个人，并且为了兼顾公共文化服务的非排他性特点，公共图书馆能在服务体系中为公众提供相应的文化服务，可以有效促进文化供给资源的宏观控制，降低文化服务在不同地区、不同层级之间出现供给不均衡和不平等的情况，有助于在公共图书馆的支撑下保障基层公共文化服务向社会的各个领域、各个基层延伸，维护大众的文化权益。从这一点能看出，公共图书馆是支持公共文化服务供给的重要载体和力量，承载着关键性的作用，发挥区、县级图书馆的作用可以为基层地区公共文化服务供给工作的全面

❶ 何茹．肥东县农村公共文化服务供给问题研究［D］．芜湖，安徽工程大学，2018.

❷ 杨友清．2006—2013 我国公共文化服务体系建设研究定量分析［J］．新世纪图书馆，2014.

开展和系统创新提供有力支撑。

2．公共文化服务的供给是区、县级图书馆的基本职能之一

在对公共图书馆的基本职能进行定位的过程中，教科文组织提出公共图书馆具备较强的社会作用和文化服务价值，公共图书馆各项服务工作的开展能为公众获取知识创造条件，也能促进文化的有序传播，在公众文化发展和终身教育推进方面发挥着重要的作用。在新时代背景下群众对公众文化需求不断提高的情况下，公共图书馆的文化服务职能也得到了相应的开发和延伸，能为公众提供文化娱乐方面的服务，这在一定程度上彰显了公共图书馆的第三空间价值。由此能看出，公共图书馆在公共文化服务供给方面表现出公平性和公益性的特点，服务的经费来源于人民税收，服务的目标是基层群众，并且可以免费为公众提供平等的文化服务。综上所述，区、县级图书馆更加贴近民众，是基层群众获取信息、接受社会教育的主要渠道，这就使公共文化服务供给成为图书馆的基本职能之一，公共图书馆服务工作的彰显也能为公共文化服务的优势供给提供良好的支持。

3．公共图书馆在建构公共文化体系方面发挥着重要的作用

公共图书馆是支持公共文化服务体系建设的重要力量，公共图书馆能参与到公共文化服务体系的建设发展实践中，为建设工作的开展提供良好的力量支持。[1]结合区、县级图书馆参与基层公共文化服务事业的建设发展情况看，区、县级图书馆在创新公共文化服务工作的过程中，能结合时代发展需求和服务创新的现实需要，有效地在基层组织开展信息服务，维护基层信息保障的公平，使基层群众获取文化服务的权益得到根本性的保障。同时，区、县级图书馆还承担着公共文化方面普及社会教育的责任和义务，能通过文化活动的开展构建科普知识宣传平台、爱国主义教育平台以及地方特色文化和传统文化传承、弘扬平台，借助社会教育的实施促进全民综合素质的提高，优化基层群众的道德素质和科学文化素养，为和谐社会的建设发展助力。此外，区、县级图

[1] 张晓梅．信息公平视角下的弱势群体读者服务保障研究［J］．文化创新比较研究，2020.

书馆对公共文化服务工作进行开发，还能支持全民阅读工作的推广，引导基层群众的主要阅读方向，向群众宣传高质量的阅读作品，促进先进文化的有效弘扬，助力基层精神文明建设工作持续推进。由此能看出，公共图书馆在推动基层公共文化服务体系建设方面发挥着重要的作用，能为基层公共文化服务体系的全面构建和系统创新提供良好的支持，有助于切实提升服务工作的建设发展成效。

二、区、县级图书馆公共文化供给机制

公共文化服务供给工作的开展需要供给机制的支撑，只有按照时代发展需求构建完善的文化服务供给机制，才能提高文化服务供给工作的综合效果，切实推动文化服务高效化开展。在实际针对公共文化服务供给机制进行建设的过程中，可以尝试结合内生机制和外生机制的建设进行分析，结合内在基础设施、人力资源、管理结构、信息宣传因素促进内在机制的构建，发挥政府支持、公众参与、社会合作、发展模式等因素的影响作用，助力外生机制的构建，形成完善的区、县级公共图书馆公共文化供给服务机制和服务体系，提升区、县级公共图书馆综合供给能力。按照内生机制和外生机制的融合建设需求进行探索，区、县级公共图书馆在对公共文化服务供给进行全面改革的过程中，可以尝试从以下角度对组织机制进行完善，优化供给效能，提高文化供给工作的整体影响力。

（一）图书管理员培训机制建设

图书管理人员培训机制的构建能打造高素质的图书管理者队伍，有序支持区、县级公共图书馆服务供给工作的开展，从而提高服务供给工作的综合效果。

首先，坚持以老带新的思想，老职工针对新引进的人才开展经验分享和技

能指导工作，使新图书管理人员能尽快适应岗位工作，满足岗位工作动态化建设发展的需求，切实提升工作的整体效能，为高素质人才的培养创造条件。

其次，组织开展管理人员教育培训工作，从信息时代背景入手，结合数字图书馆建设以及智能服务模式的创新，对图书管理人员开展专业的教育培训，使他们能结合时代背景和先进技术的应用，从基层公共服务供给创新的角度对各项工作的开展进行系统的研究和分析，高质量地完成本职工作，保障公共文化服务供给工作的高效化开展。在完善图书管理人员服务培训机制的基础上，能逐步打造高素质的图书管理员队伍，可以结合新时代背景下区、县级公共图书馆工作的开展需求对各项工作的开展进行分析，促进服务工作的全面优化，彰显图书馆服务职能助力基层公共文化服务供给工作高质量、高水平推进。

（二）图书馆综合服务机制建设

在公共文化服务供给工作中，服务机制的建设能支撑服务工作的创新发展，对于综合服务体系的构建和文化供给服务工作的多维度发展也能产生重要的影响。在我国传统区、县级公共图书馆服务开发工作中，图书馆主要发挥类似于群众书房方面的作用，所开展的服务主要能为群众提供图书的借还，综合服务效果不理想，无法充分展现区、县级公共图书馆的服务优势。在新时代背景下，结合信息技术的广泛应用，区、县级公共图书馆在对公共文化供给服务进行创新的过程中，可以对服务方式进行适当的拓展和延伸，结合移动数据技术、数字化技术、人工智能技术等的多元化应用，探索多维度服务体系的构建，使文化供给服务工作的开展能满足读者群体的多元化需求。在对多维度文化供给服务进行适当开发的过程中，图书馆可以引入多种主题展览、专题讲座、组织活动等模式，提高服务的创新度、信息深度，增强服务的广度，使服务工作的开展能向社会第三空间延伸，可以满足不同群体阅读需求，切实提升公共文化服务工作的整体发展效能。

（三）图书馆需求分析机制建设

在区、县级公共图书馆逐步构建文化供给服务机制的过程中，对读者群体和受众群体需求的调查是服务工作的前提和基础，只有全方位了解读者群体的阅读需求和相关社会组织对公共文化服务供给的现实需要，才能在开展公共服务工作的过程中实现需求供给的无缝对接，最大限度地彰显需求供给服务的优势，提高综合服务效果。对于区、县级公共图书馆而言，读者群体是图书馆提供公共文化供给服务的客体，对读者需求进行调查可以全方位了解读者需求的动态变化，也能按照读者需求的动态变化以及新时代背景下地方群众对特色阅读服务的现实需求、对服务方式的偏好等对读者服务工作进行设计，在完善需求调查机制的前提下确定图书馆公共文化服务供给的主要方向，从而制定多层次、多模块的综合服务供给体系，使图书馆服务工作的开展能得到读者群体的高度支持和认可，吸引基层群众主动参与到图书馆阅读工作实践中，展现区、县级公共图书馆服务基层公共文化服务事业的优势，提高基层公共文化服务事业的综合发展效率。

（四）图书馆宣传推广机制的建设

在区、县级公共图书馆公共文化服务供给机制建设实践中，宣传推广机制是较为重要的组成部分，促进宣传推广机制的建设和宣传推广工作的高效化开展，能显著增强区、县级公共图书馆开展文化服务供给的综合影响力，使图书馆能发挥主体职能为基层公共文化事业的全面发展和系统创新提供良好的支持。

首先，区、县级公共图书馆可以结合新媒体时代的影响，适当地增加在各类宣传媒体中的曝光率，让更多的基层群众认识和了解阅读的重要性，能主动参与到图书馆所组织开展的各类文化活动中，彰显图书馆的公共文化宣传效应，促进文化服务供给的优化创新开展。

其次，图书馆重点开发自主阅读设备，可以结合信息技术和数字技术、人工智能技术的应用，构建满足读者群体多元化需求的移动图书馆自助系统，方便读者群体能随时随地在移动图书馆获取文献资源，形成多元化的宣传推广效果，增强文化服务供给的整体质量。

最后，探索多元化宣传推广服务模式的全面创新，重点对区、县级公共图书馆宣传载体、宣传方法进行创新，采用各地区基层群众喜闻乐见的方式开展宣传推广工作，提高群众对阅读服务的接受度，引导群众主动到图书馆阅读学习，提高群众的综合素质，彰显公共文化服务供给的整体质量。如此借助宣传推广机制的系统构建，就能对图书馆公共文化服务供给机制的建设产生积极的影响，使文化服务供给工作的开展始终保持良性发展状态。

（五）图书馆信息反馈机制的建设

信息反馈机制是高质量促进图书馆公共文化服务供给工作开展和创新的基础，只有结合时代发展需求，在实际工作中不断对信息反馈机制进行建设和完善，才能动态化地了解读者群体在参与图书馆综合服务工作中的意见和建议，使图书馆文化服务供给工作的开展能结合读者意见的变化进行调整和优化，形成良性发展模式，增强服务工作的整体水平。在搭建读者意见反馈机制的过程中，区、县级公共图书馆可以重点结合读者需求开展问卷调查工作，全面、系统、客观地了解群众文化服务需求的变化情况。以此为基础，图书馆还可以设置专门的意见反馈渠道，开辟意见反馈专栏，方便读者群体能在获取服务的过程中将自身意见和建议及时在反馈渠道上填写，促使图书馆能按照读者意见对工作进行调整，突出图书馆综合文化服务供给工作的整体水平，为图书馆现代化建设工作的组织推进助力，奠定服务基础。

三、区、县级图书馆公共文化供给体系建设

公共文化供给体系的构建关系到我国公共文化事业的稳定发展，也与新时

代背景下中国特色文化体系的构建存在紧密的联系。因此新时期要重点针对区、县级公共图书馆服务工作的基本情况，重点针对公共文化供给体系的建设进行分析，从多角度采取有效的措施探索完善文化供给体系的构建，优化图书馆的服务效能，逐步带动图书馆综合服务工作的开展取得良好的发展成效。

（一）科学规划文献结构，满足读者群体需求

区、县级公共图书馆属于基层公共文化服务体系中的重要力量，本身承担着服务公共文化供给工作的重要任务，图书馆的资源结构在一定程度上限制了图书馆的发展空间，图书馆要想对公共文化供给进行优化创新，就要对现有资源进行整合，重新对文献资源的结构进行设计和规划，使新时代读者群体的多元化需求得到良好的满足。[1]

首先，要对区、县级公共图书馆中陈旧、无价值的文献资源进行调整，对这部分资源选择淘汰处理或者馆藏处理，重新按照公众需求的变化采购相应的书目。在图书馆经费支持较为充裕或者馆内空间较为丰富的情况下，可以对藏书的结构进行改革，适当增加馆藏文献书籍的数量，提高书籍质量，也可以适当增加报纸、杂志的数量，尽可能使藏书的使用价值得到充分发挥。

其次，要根据信息技术的应用，积极探索数字文化资源体系的构建，免费对电子阅览室进行开发，形成文化共享的组织模式，方便公众能获取自身所需的相关文献资源和信息资源。同时促进地方特色馆藏文献资源的建设和开发，吸引读者群体主动到图书馆获取相关文献信息，激发读者群体的阅读热情，彰显公共图书馆文化供给工作的针对性和有效性。

（二）争取相关部门支持，完善基础设施建设

区、县级公共图书馆文化供给工作的开展需要地方政府的支持，只有在地方政府的带领和相关组织部门的积极支持和配合下，不断对基础设施进行建设和完善，才能高质量地开展文化服务供给工作，促进服务工作的全面创新。因

[1] 王行．免费开放环境下公共图书馆服务面临的挑战与创新路径［J］．科技展望，2016.

此在实际工作中，区、县级公共图书馆应该有意识地结合新时代发展背景以及服务工作改革创新的现实需要，尽量地争取获得相关部门的支持，在优化资金支持和政策扶持效果的基础上，对基础设施建设体系进行完善，改善图书馆公共文化供给能力和供给效果，促进供给体系的系统建设和创新。

首先，加强与地方政府的有机联系，在地方政府的支持和配合下制订合理化的基础设施建设方案，使地方政府能从推进区域公共文化服务、基层文化服务建设的角度，对区、县级公共图书馆基础设施进行建设和完善，促进服务工作的全面创新。

其次，要结合地方公共文化体系建设需求，制定相应的基础设施建设发展规划，按照新时代服务需要对基础设施建设工作进行调整和创新，吸收和借鉴成功图书馆在这方面取得的成功经验，从而在完善基础设施的支持下，有意识地对各项公共文化服务活动进行改革和调整，使公共文化服务的供给能力得到显著的改善。这样就能从整体上对公共文化服务工作进行调整，切实促进区、县级公共图书馆工作的全面创新，在图书馆参与公共文化供给的基础上，加快地方公共文化服务的整体发展效能。

（三）加大政策倾斜力度，增加经费投入

新时代背景下随着社会经济建设的发展和社会服务体系的全面创新，在当前社会工作中开始强调公共文化体系的构建和人民群众精神文明需求的满足。在此情况下，国家为了能促进中国特色社会主义文化事业建设发展，进一步加大了对文化事业的支持力度。区、县级公共图书馆应该把握这一历史发展机遇，积极争取政府部门的支持，使政府能增加对区、县级公共图书馆的政策支持力度和资金倾斜力度，能为图书馆对公共文化服务的系统开发提供政策引导和资金支持，切实提高文化服务供给工作的效果。

一方面，应深入区、县级公共图书馆一线工作中，有意识地与读者群体和意向作者进行沟通和交流，对当前区、县级公共图书馆发展过程中遭遇的问题

进行准确的定位，在文化政策的扶持下有效促进问题的合理化处理，从而提高服务效果，增强文化供给工作的整体质量。

另一方面，要加大资金倾斜力度，保障资金支持下能对当前区、县级公共图书馆发展方面遭遇的问题进行有效的处理，推进文化服务技术体系建设和公共文化活动的组织规划，形成良好的文化氛围，吸引基层群众参与到图书馆文化服务工作中，彰显文化服务的整体水平和效果。如此就能助力区、县级公共图书馆公共文化服务工作的高效化发展，也能为基层公共文化事业的全面创新助力。

（四）打造文化服务品牌，提升文化服务效能

文化品牌的构建能显著提升文化服务的综合影响力，使文化供给体系的建设优化创新开展。新时期在我国高度重视中国特色社会主义文化体系建设、全面促进文化供给工作创新发展的过程中，区、县级公共图书馆作为承载公共文化供给的重要载体，应该按照文化服务需求的变化，重点探索文化品牌的构建，形成服务品牌效应，带动综合服务效能的全面提升。在实际工作中，区、县级公共图书馆可以积极开发新媒体宣传工作和传统媒体宣传工作，对本地区范围内特色文化资源进行挖掘，并构建能凸显地区特色、满足地区群众阅读需求的文献资源服务体系，形成特色文化服务品牌，为基层读者群体提供高质量的服务。在实际工作中，对于区、县级公共图书馆文化服务品牌的构建要重点突出品牌设计的创意性、品牌建设的群众性以及品牌建设的连续性，在实际对文化服务品牌进行系统建设和全面开发的过程中，重点对品牌的内涵进行挖掘，形成具有凝聚力和扩散力的文化服务体系，营造积极健康的文化氛围，使区、县级公共图书馆在文化服务供给工作中能取得良好的发展成效。如此在区、县级公共图书馆探索文化供给服务创新的过程中，就能进一步彰显自身优势，维护基层群众阅读书籍和接受文化培养的优势，有效促进基层社会群众文化认识水平得到不断地提高。

第八章

区、县级公共图书馆建设服务的新思考

一、发挥图书馆服务作用，构建完善工作体系

区、县级公共图书馆服务体系的建设和创新关系到图书馆综合服务效能的全面提升，在图书馆的发展实践中，只有能对自身服务价值和作用进行准确的定位，促进完善工作体系的构建，才能提高服务效果，彰显区、县级公共图书馆的综合服务价值。因此在新时代背景下，要注意结合区、县级公共图书馆创新服务的实际情况，探索有效发挥服务作用的措施，探索完善服务体系的逐步构建。

首先，正确定位服务价值，为服务体系的建设指明方向。区、县级公共图书馆在全面推进服务创新的过程中，要注意对自身服务工作的价值进行准确的定位，从图书馆服务地区经济社会发展、服务社会治理工作创新、服务精神文明建设有序推进、服务社会教育事业常态化发展等角度对图书馆的服务价值进行定位和开发，对图书馆服务所产生的影响和作用进行全面系统的分析，从而按照服务工作的实际情况探索完善服务体系和管理工作体系的构建，对新时代背景下区、县级公共图书馆的创新发展作出积极的精神引领，全面提高图书馆创新服务的建设发展成效。

其次，完善综合服务标准，突出工作体系的规范性。在区、县级公共图书馆全面促进综合服务工作创新发展的过程中，按照图书馆服务地方文化建设和社会建设的现实需求，为了在新时代背景下保障服务工作的效能得到充分发挥，图书馆在建设发展实践中要注意对综合服务标准进行设计和完善，尊重读者群体的意见和建议设置相应的标准化综合服务体系，践行人本化的管理思想，在对工作体系进行改革创新的过程中，要深刻认识到凡是能够得到读者群体支持和认可的，应该继续保持，凡是遭到群众反对的服务模式，要及时进行整改和调整，必要时可以尝试撤销服务项目。需要注意的是，在对区、县级公共图书馆服务标准体系进行设计的过程中，需要引导读者代表参与到项目的制定和服务标准的执行实践中，突出区、县级公共图书馆的公民意识和公共特色，保障服务工作的开展能真正为基层群众综合素质的培养助力，为乡村振兴建设工作的科学稳定发展提供良好的支持。[1]

再次，引入信息技术，构建智能化服务工作系统。区、县级公共图书馆按照图书馆的价值和作用对工作体系进行探索和创新，能积极促进信息技术的合理化引入，在信息技术、大数据技术和人工智能技术的支撑下，全面构建智能化的综合服务工作系统，在系统平台上能对区、县级公共图书馆涉及的各项管理工作、服务工作进行全面系统的整合，形成集成化的服务管理体系，确保结合大数据技术的应用能对读者群体的需求进行全面分析和准确定位，从而按照读者群体的需求对工作体系进行设计和完善，争取能在信息时代为读者群体提供多元化、信息化的综合服务，优化智能化服务工作的整体效果，为新时代背景下图书馆服务体系的构建和服务模式的创新提供良好的支持。

最后，引入评估系统，使工作体系的构建能接受社会的监督。在图书馆对自身价值和作用进行定位的基础上，为了高效率高水平地促进公共文化服务工作的创新开展，在实际工作中图书馆就应该尝试引入第三方评估系统，一方面对图书馆的社会服务价值和作用进行准确的定位和分析，了解图书馆参与第三

---

[1] 周振惠．新型管理模式下农村财务管理存在的问题及对策［J］．农家参谋，2019.

方服务工作的优势；另一方面要结合评估结果对服务标准体系进行完善，不断对区、县级公共图书馆综合服务模式进行改进和优化，确保在公众的广泛监督支持下，能全面提高综合服务效果，彰显服务工作的针对性和有效性，为科学系统地对区、县级公共图书馆服务模式进行开发作出积极的引导，为图书馆服务社会价值作用的彰显创造便利。

如此就能发挥多方力量共同探索区、县级公共图书馆工作体系的构建，使工作效能得到进一步发挥，最大限度地彰显图书馆服务的价值和作用，为地区范围内经济社会的发展提供文化服务工作的支持。

二、强化图书馆服务意识，创新发展工作内容

服务意识对服务行为能产生积极的引领作用，因此区、县级公共图书馆在探索服务创新的过程中，要注意结合时代背景有意识地对服务意识和服务内容进行全面系统的强化，对服务工作内容进行调整，从而形成现代化的综合服务体系，为区、县级公共图书馆服务区域发展方面综合职能的彰显创造条件。在新时代背景下，区、县级公共图书馆管理人员可以从以下角度促进服务意识的创新，引导图书管理人员多角度对工作内容进行调整和优化。

（一）转变服务观念，引入现代服务思想

在当前我国经济社会的发展运行方面，还存在区域经济发展不均衡的问题，这就造成在经济社会发展不平衡的情况下，各地区区、县级公共图书馆发展也会表现出明显的差异，因此为了显著改善区、县级公共图书馆的综合服务效能，促进服务工作的水平、效率等全面提升，在实际工作中就要有意识地结合实际情况，推动图书馆服务工作的现代化发展和创新，主动探索新知识和新技术的应用，构建现代化、信息化的综合服务模式。

在此过程中，区、县级公共图书馆为了转变工作理念，应依托互联网信息

平台，引入现代化图书馆建设意识，并对现代化、智能化图书馆服务系统的开发和建设进行系统的探究，使技术综合服务工作的开展能产生较强的影响力，能体现出信息化的特点，可以借助移动客户端在基层群众生活中传播，从而提高服务工作的综合影响力，为区域范围内先进文化的发展和普及创造良好的条件。如此就能通过思想观念的转变和技术的创新，构建现代化的服务发展模式，全面提升综合服务工作的整体影响力，为区、县级公共图书馆服务价值的彰显奠定基础。

（二）优化服务网络建设，促进文献资源共享

图书馆服务意识的创新和管理理念的调整能从服务网络的建设角度得到体现，区、县级公共图书馆在对创新服务进行开发的过程中，需要客观审视网络服务体系建设的重要性，并转变思想观念，将网络服务体系的构建作为基本的任务，从各角度促进建设工作的开展，为文献资源的多元共享提供良好的支持。换言之，区、县级公共图书馆要想在发展实践中逐渐转变被动发展和被动服务的局面，主动寻求与社会组织、读者群体之间的多元互动，提供多种类型的综合服务，能实现对网络环境支持下网络信息技术的有效开发和应用，探索智能化服务系统的构建，从而在对区、县级公共图书馆服务模式进行创新的前提下，使图书馆在开展服务工作的过程中能与科技部、农业部、文化部和卫生部工作的开展紧密融合在一起，为农民群众提供先进的科学信息，促进科学技术思想和信息技术内容在基层社会的广泛传播。以此为基础，在对服务理念和服务意识进行调整的基础上，区、县级公共图书馆还要注意从文献资源共享的角度对技术模式进行调整和优化，打造特色文献资源数据库服务体系，能按照区域经济社会的发展和公共文化服务体系的构建、群众阅读需求的满足开发特色文献数据资源，并依托电子平台对特色馆藏资源和文献资源进行分享和应用，保障在区、县级公共图书馆转变服务意识的基础上，能促进服务工作内容的全面优化，切实提升图书馆综合服务工作的整体影响力，为图书馆现代化建

设奠定基础。

（三）开发多元创新模式，提高综合服务能力

图书馆服务意识的转变和服务内容的调整能从服务模式的多元创新角度得到体现，在新时代背景下区、县级公共图书馆建设发展实践中，要想紧随时代发展需求开展各项文化服务工作，实现服务工作与读者需求的有效对接，保障各项工作的开展能彰显时代特色，就需要紧密结合时代发展背景，从多角度对服务模式进行创新，从而有效推动区、县级公共图书馆综合服务能力得到显著的提升。一方面，要积极探索服务方式的创新，改变传统图书馆面对面的服务模式，重点对信息化服务进行开发，特殊针对区、县级公共图书馆面对农村读者群体到图书馆借阅图书积极性偏低的情况，适当地开发主动服务模式，形成送书下乡的服务体系，为农民群众提供农业种植、农业生产方面的专业书籍，丰富农民群众的文化生活。另一方面，积极探索服务手段的创新，在对区、县级公共图书馆进行创新开发的过程中，主动探索信息技术、通信技术、移动互联网技术的广泛应用，使服务工作的开展向数字化平台转移，方便群众能随时随地地获取文献资源，参与到阅读实践中，彰显区、县级公共图书馆的综合服务价值。此外，要注意结合时代背景对图书馆综合服务的内容进行调整和优化，重点探索网上信息服务、信息上网服务、资源获取服务、电子图书借阅服务的系统开发，争取能形成完善的图书馆综合化服务体系，提高主动服务能力，从而保障综合服务工作的开展能得到群众的认可，形成完善地区、县级公共图书馆服务体系。

三、增强文化服务责任，努力提升工作目标

区、县级公共图书馆文化服务责任的准确定位能引导图书馆更好地参与到社会服务体系中，通过转变服务思想和服务理念提升服务目标，使图书馆建

设工作的开展能取得良好的发展效能，[1]能在现代社会背景下产生巨大的影响力。在实际针对区、县级公共图书馆服务工作进行创新开发的过程中，要注意从文化服务责任的角度对服务的发展方向进行准确的定位，从而按照文化服务责任设定相应的服务目标，引领区、县级公共图书馆综合服务创新工作的全面优化开展。具体来说，区、县级公共图书馆从增强文化服务责任的视角设定服务目标、制定服务发展规划，应该重点处理好以下方面的工作。

（一）着眼基层长远发展，服务乡村振兴建设

我国基层区、县级公共图书馆在服务政府工作方面发挥着重要的作用，并且对服务模式进行调整和优化，从强化社会责任的角度促进完善服务体系的构建，能进一步将区、县级公共图书馆服务工作的开展与社会市场建设发展工作紧密结合在一起，助力乡村振兴的建设和发展，使“十四五”规划背景下乡村振兴建设取得显著的发展成效。鉴于此，为了循序渐进地提高区、县级公共图书馆参与社会建设的主动性和积极性，将图书馆事业纳入经济社会发展规划中，区、县级公共图书馆就应该在服务创新方面主动寻求与上级文化部门的合作和工作的对接，按照乡村振兴发展战略贯彻落实的要求，不断参与到地方文化事业的发展和规划中，确保区、县级公共图书馆服务工作的开展能与地方政府编制规划融合，在为图书馆提供多元化政策资源支持的同时，也使图书馆服务工作的开展引发社会的广泛关注。

一方面，图书馆文化服务活动的开展应该从长远着眼，制定科学的战略发展规划，在实际开展服务工作的过程中要注意结合地方乡村振兴战略落实的现实需求，对图书馆文献资源服务、特色馆藏服务、社会教育服务等进行全面系统的开发，形成良好的社会化综合服务体系。另一方面，要针对区、县级公共图书馆参与社会建设的情况，制定远景规划目标，使图书馆服务模式的创新与乡村振兴战略背景下政策文件形成配套衔接的关系，可以为乡村振兴工作的开

[1] 赵晶．新信息环境下高校图书馆营销服务策略研究——评巴特勒《图书馆学》［J］．新闻爱好者，2019.

展和基层公共文化服务体系的建设奠定基础，加快新时代背景下中国特色社会主义文化体系的建设进程。唯有如此，区、县级公共图书馆在探索创新发展路径的过程中，才能把握我国全面推进乡村振兴战略的历史发展机遇，使各项工作的开展与乡村振兴建设、社会精神文明建设有机融合在一起，从而保障文化服务体系的构建能获得国家政策的支持，保障各项工作的开展得到全面落实，真正促使图书馆综合服务工作的开展取得良好的发展成效。

（二）顺应信息社会发展，打造公共数字文化服务平台

区、县级公共图书馆服务社会责任的彰显还能从打造县域范围内的特色公共数字文化服务平台的角度得到体现。在当今社会互联网信息技术蓬勃发展的情况下，人们的阅读习惯发生了变化，图书馆在对服务模式进行创新的过程中，结合信息时代的影响和大数据技术的广泛应用，促进公共数字文化平台的建设和实施，不仅能为社会大众参与阅读活动创造良好的条件，使图书馆阅读推广工作的开展向全社会范围内转移，还能借助特色馆藏文化资源服务体系的构建，从不同专题角度开展社会化教育工作，结合县域范围内的企业员工培训需求、农民科普知识宣传需求以及学校文化拓展教育需求等，对不同的服务模式进行开发，在公共数字文化服务平台上，形成多种类型的板块，支持图书馆综合服务工作的创新，保障服务工作的开展能得到群众的支持和认可。在此基础上，基于移动互联网时代的影响，区、县级公共图书馆在全面促进服务工作改进和创新的过程中，还可以尝试依托移动互联网平台的应用，促进多功能数字文化服务平台的建设和开发，为群众提供多样化和数字化的服务资源，开辟全新的服务体系，确保文化服务工作的开展和创新能顺应信息社会的发展需要，能为读者群体提供高质量、高水平的服务，加快县域范围内社会文化建设发展效率，真正彰显区、县级公共图书馆文化服务工作的价值和作用，保障服务工作实现常态化、长效化发展。

第九章

区、县级图书馆可持续发展机遇与挑战

一、区、县级图书馆的公益化和社会化发展

区、县级图书馆探索可持续发展的过程中，要注意明确发展机遇和发展挑战，在新时代背景下主动探索公益化发展和社会化发展，彰显发展优势，切实提升综合发展整体效能。对于区、县级图书馆来说，在对图书馆管理服务进行创新的过程中，兼顾公益性价值取向和社会化价值取向，能夯实图书馆可持续发展的基础，使图书馆关爱社会群体的作用得到充分发挥，以文化传播助力和谐社会的系统构建。下面就结合新时代背景对区、县级图书馆公益化和社会化发展进行探究。

（一）区、县级图书馆推进公益化发展的路径

区、县级图书馆在探索创新发展工作的过程中，要对图书馆的公益化发展情况进行准确的定位，从更多角度促进公益化发展路径的组织实施，从而提高公益化发展效果。一般区、县级图书馆在探索公益化发展的过程中，可以从以下方面重点对发展路径进行系统的分析：

1. 把握乡村振兴战略贯彻落实的新契机

借助公益性服务活动的组织实施加快乡村文化振兴的发展进程。在党的

“十四五”规划背景下，乡村振兴战略的深入贯彻落实引发高度重视，促进乡村基层公共文化服务体系的构建也受到高度关注。在此情况下，区、县级图书馆作为社会主义文化建设的重要阵地，自身各项公共文化服务工作的开展本身涉及广大人民群众合法权益的维护和群众文化需求的满足。因此区、县级图书馆在自身建设发展过程中，要结合时代背景，正确定位新时代背景下乡村振兴建设的现实需要，重点从服务健康文化生活的角度对图书馆自身文化服务工作进行开发，构建数字化的综合服务体系，使图书馆公益性文化活动向基层群众的生活延伸，形成信息资源的多元共享工程，保障基层群众也能平等地享有文化权益，促进基层群众文明素养和文化修养的全面优化。在此过程中，图书馆倡导全民阅读工作、引导群众践行健康向上的文化娱乐方式，能在发挥其公益性价值的基础上，为社会主义新农村建设、乡村振兴工作的深入推进提供良好的支撑，也能加快中国特色社会主义精神文明建设和发展的总体进程。

2. 关注社会弱势群体，为社会弱势群体提供专项服务

借助文化服务的力量助力和谐社会的建设和发展。我国城镇化建设进程逐渐加快的情况下，贫困乡村地区的社会文化建设逐渐引发广泛的关注，并且现阶段国家在文化建设方面已经做出了多元化的探索，为乡村地区综合文化服务体系的构建提供了强有力的支撑。但是在乡村地区公共文化服务建设的过程中，仍然存在残疾群体、留守儿童、孤寡老人等无法获得公共阅读服务权益。这些处于社会边缘地带的弱势群体，现阶段还无法享受与其他人群同样的公共阅读服务。因此在区、县级图书馆推进公益性建设的过程中，要加强对社会弱势群体的关注，有意识地参与到民生工程中，践行文化扶贫的思想，重点针对残疾人群体、留守儿童、孤寡老人等提供特色化的阅读推广服务和文化供给服务，保障能根据弱势群体的特点和需求，制定针对性的服务模式和服务平台，形成良好的帮扶作用，使区、县级图书馆综合服务工作向弱势群体服务领域延伸，形成服务弱势群体的良好工作效能。如此就能增强区、县级图书馆公益化发展的效果，使图书馆服务社会的能力得到进一步彰显。

（二）区、县级图书馆加快社会化建设的措施

图书馆社会化建设工作的开展能凸显图书馆的综合影响力，使图书馆更好地融入社会文化建设体系中，为社会主义文化建设、社会主义精神文明建设提供相应的支持。区、县级图书馆在发展过程中要对社会化发展需求和发展方向进行准确的定位，结合自身发展性质和发展理念探索社会化建设发展的措施，保障能在社会化建设实践中取得良好的发展成效。

1. 联系地方文化建设实际情况，关注馆藏文化资源开发的实用性价值，促进馆藏资源社会利用效率的显著提高

县级图书馆在对图书服务进行开发的过程中，要注意坚持求真务实的思想，重点针对本地区阅读工作的开展进行分析，对本地区读者需求情况进行准确的定位，并以此为基础构建特色馆藏体系，突破传统馆藏文献的理念，保障少而精的原则得到贯彻落实，彰显馆藏文献资源的利用率，提升工作实效性。同时，在图书文献资源的采购方面，尽可能地选择与实际需求相契合的资源，对特色文献资源体系进行开发，提高对图书馆经费的利用效率，使不同群体读者阅读服务需求得到满足，保障区、县级图书馆文化服务工作的开展能受到群众的广泛欢迎和喜爱。

2. 利用现代信息技术支持，开发现代的文献阅读服务手段，探索地方资源的多元化应用，助力区、县级图书馆实现社会化发展

在网络时代背景下，图书馆探索社会化发展的过程中，要深刻认识到现代信息技术广泛应用的重要性，尽量适应新概念和新模式的现实需求，不断对传统服务工作进行改进和创新，构建社会化服务发展体系。

首先，图书馆要注意对读者服务职能进行适当的拓展和延伸，适当地增加信息服务方面的内容，使服务工作的开展能与社会发展需要相适应，能高效率地实现对信息资源的整合和开发，从而强化图书馆向社会各界提供多元化信息服务的能力。

其次，要对图书馆社会化教育服务功能进行开发，积极争取各项文化服务工作的开展得到组织部、宣传部的支持和引领，在对图书馆文献资源优势进行发展的基础上，探索爱国教育、廉政教育、党员教育、社会大众教育工作的开展，优化培训工作的整体影响力。

最后，开发网络社会资源，构建多种实用的文献资源数据库，结合县域范围内特色文化体系建设发展的需求，探索学术论文数据库、农业种植信息数据库、特色文化资源数据库的建设，提升图书馆自身信息资源整合能力和供给能力，使读者的多种文化信息服务需求得到满足。

3．挖掘地方特色文化优势，锻造地方特色文化品牌服务

在地方特色文化资源的开发和保护工作中，民族文化遗产的有效传承成为文化建设的重要内容。因此区、县级图书馆要注意在工作中深刻认识到民族文化遗产保护的重要性，并对传统的服务模式进行调整和优化，适应新时代社会发展和读者服务工作的现实需求，不断开发新的管理模式，构建个性化的地方特色文化服务体系，形成地域文化品牌，彰显图书馆综合服务工作的整体影响力。

首先，区、县级图书馆主动参与地方文化品牌建设，发挥主体性作用，促进文化品牌建设优化发展。如在我国部分地区全面推进文化兴县的背景下，为了能全面提升地方文化品牌建设效果，图书馆应该主动抓住当前发展机遇，构建地方特色文化资源信息库，有意识地对地方文化文献资源进行开发，发挥图书馆信息资源共享服务优势，为文化品牌的构建提供有力支持。

其次，推进特色场馆建设，重点促进特色服务体系的构建和开发，形成特色馆藏文献资源体系，夯实区、县级图书馆发展基础。在实际工作中，区、县级图书馆为了能提高文化品牌的建设效果，要主动将特色馆藏资源开发体系的构建作为图书馆管理服务创新的首要工作之一，有计划地结合地方特色馆藏文献资源的实际情况对主要模式进行开发，逐步形成县级区划范围内的特色图书馆和特色公共服务体系，彰显公共图书馆特色服务的发展优势，提高综合发展效能。

最后，创新地域文化资源的配置，打造数字化的图书文献资源推广平台。区、县级图书馆在实际参与基层公共文化服务工作的过程中，为了能进一步彰显其社会性价值，就要从专门的组织部门入手对管理工作进行开发，紧密结合特色数据需求部门，如统计局和农业局的情况对特色文化资源进行整合，积极推进特色馆藏文化资源体系的构建，要注意有效规避资源重复建设方面的问题，提高资源开发和利用效果，使区、县级图书馆社会化服务功能得到进一步彰显，为图书馆现代化服务体系的构建奠定基础，切实加快图书馆建设和发展的总体进程。

（三）区、县级图书馆社会性、公益性协同发展

区、县级图书馆在对发展模式进行创新的过程中，可以尝试借鉴市场发展经验，对市场化发展模式进行整合，使服务工作的开展能兼顾公益性和社会性，促进区、县级图书馆服务工作实现社会性和公益性双重化发展的目标。具体分析，当前我国经济建设发展还存在城乡不均衡性，图书馆文化服务体系的建设也表现出城乡差距相对较大的情况，特别是区、县级图书馆建设方面存在严重的经费不足和服务方式较为滞后的问题，都会对图书馆文献资源的开发利用产生不良影响，也会对服务工作的创新推进造成冲击。因此区、县级图书馆在创新发展实践中，要深刻认识到当前社会性发展和公益性发展的重要性，应主动采取积极的措施，避免陷入边缘化发展困境中，真正做到使服务工作的开展向基层群众的社会生活各个层面延伸。在具体工作中，图书馆可以尝试借鉴现代企业发展模式推动社会化和公益化发展。

首先，积极强化图书馆服务品牌意识，加大对区、县级图书馆文化服务工作组的综合宣传力度，把握新时代背景下国家全面推进乡村振兴建设的现实诉求，把握机会从多角度组织开展多元化的读者文化服务工作，召开多种类型的、契合县域文化建设发展需求的读者座谈会、报告会或者专题讲座活动，使读者群体能从多渠道加深对区、县级图书馆的认识和理解，在社会范围内提高

图书馆的知名度，吸引读者群体能全方位了解图书馆，主动参与到图书馆阅读工作中，彰显图书馆的价值，使区、县级图书馆服务社会文化事业的功能得到进一步彰显。

其次，针对群众文化休闲品位进行分析，针对县域范围内群众休闲文化品位的发展情况对他们作出积极的引导。区、县级图书馆在对社会化服务和公益性服务进行开发的过程中，应形成主动竞争的意识，从市场化发展经验入手，不断提高图书馆的综合服务能力，对图书管理人员的综合服务素质进行有效的训练，使区、县级图书馆建设发展实践能顺应时代发展需求以及区域文化建设的现实需要，从圆柱社区图书室建设、支持企业图书室建设入手积极参与到社会文化服务体系中，主动引导群众远离愚昧文化，激发群众学习现代科学技术的热情，在县域范围内营造积极学习和主动探索的良好社会风尚，保障区、县级图书馆的社会性和公益性服务能力得到进一步彰显。

最后，设计多种营销手段，广泛开展图书馆营销工作。区、县级图书馆公共文化服务事业的发展需要精确的策划和科学管理作为支撑，也需要积极开展宣传营销工作。所以图书馆结合当前建设发展过程中面临的具体问题和遭遇的发展障碍，在实际参与社会公益性事业和社会化发展工作的过程中，不仅要积极争取上级部门的资金支持对各项管理服务工作进行调整，还要注意吸收社会捐助、社会闲散资金参与到社会文化建设实践中，保障能充分发挥区、县级图书馆的服务功能，为社会政治建设、文化建设、经济建设等助力，保障区、县级图书馆建设工作的开展得到多部门的支持和配合，从而使图书馆事业发展实践中获得新的精神动力支持，真正形成良好的发展效能，实现协同发展的目标，为公共图书馆综合文化服务事业的发展奠定基础。

二、区、县级图书馆助力脱贫的使命

区、县级图书馆对于可持续发展的探索，应注意与地方社会建设和文化建设有机结合，借助地方社会建设的力量促进文化建设的高效化开展。因此在实际工作中，区、县级图书馆要从助力脱贫攻坚角度对服务模式进行调整和规划，发挥支持脱贫攻坚工作的重要作用，使脱贫工作的开展取得更为显著的成果。

（一）正确定位区、县级图书馆助力脱贫工作的主要目标

区、县级图书馆助力脱贫工作的开展，主要是从服务社会教育、服务社会文化建设角度入手，形成扶智、扶志的重要作用，从而使贫困地区能高质量地开展脱贫工作，在脱贫工作中取得显著的发展效能。因此区、县级图书馆在参与地区扶贫工作的过程中，要对工作的目标进行准确定位，促进文化精准扶贫和教育精准扶贫工作全面系统的创新。下面就对区、县级图书馆参与脱贫工作的基本目标定位进行细化的分析。

1. 强化智力扶持工作，形成教育引导作用，推动扶志脱贫工作开展

近几年党中央高度重视扶贫工作的开展，并且在实际工作中提出应该解决贫困人口对贫困的认识，淡化贫困人口的贫困意识，提升脱贫的自觉性，使脱贫工作的开展能取得长效发展成果。鉴于此，在各地区组织开展脱贫工作的过程中，区、县级图书馆应该主动承担贫困地区社会文化宣传和全面教育工作的重要任务，能结合脱贫工作的开展广泛组织一系列的教育活动和文化宣传活动，促进积极健康、正能量的思想在贫困地区得到广泛的传播，使贫困地区的人口也能接受先进文化的指导，提升贫困人口的发展自觉意识，淡化贫困意识对他们的不良影响，从而激活贫困地区群众的脱贫造血功能，能针对自身发展优势进行系统的开发，实现脱贫致富的目标，重点规避返贫问题的出现。

2. 搭建文化扶持工作平台，促进贫困人口就业创业意识得到充分的激活，增强贫困地区群众的就业创业整体能力

区、县级图书馆对于文化宣传和文化教育工作的开发，希望能借助开展多元化的读书活动、专题讲座活动等，促进数字化信息资源在贫困地区范围内的广泛传播，使贫困地区的群众能便利获取相关信息，拓宽眼界，对外部世界的

发展形成更加客观深刻的认识。以此为基础，挖掘区、县级图书馆的综合服务功能，搭建文化扶贫工作的基本平台，深入基层针对贫困人口综合素质的培养和贫困人口就业创业意识的培养进行分析，制订合理化的工作方案，彰显贫困人口的脱贫意识，切实促进脱贫工作的开展取得良好的发展效能。

（二）积极开发区、县级图书馆参与精准扶贫工作的关键举措

区、县级图书馆参与精准扶贫工作，需要结合各个贫困地区的文化建设和社会教育工作的基本情况，制订针对性的方案，有效促进文化服务和宣传引导工作的科学组织推进，循序渐进地提高脱贫攻坚工作的效果，使精准扶贫工作的开展能取得显著的发展成效。

1. 推进精准扶贫，深入开展贫困地区脱贫工作

区、县级图书馆在参与各地区脱贫工作的过程中，要针对自身发展优势进行分析，整合特色文化资源，采用与本地区文化宣传、文化教育工作相契合的工作方案，设计广泛宣传类型的文化教育活动，帮助贫困地区的群众能了解本地区范围内的脱贫工作项目，能对新技术、新模式的应用产生新的理解，从而在宣传教育的作用下，帮助贫困地区的群众了解新的技能和新的知识，能提高自身脱贫工作的能力和效果，促进精准脱贫工作的深化开展。区、县级图书馆在实际工作中可以对各地区图书馆参与脱贫工作的成功经验进行总结，积极探索造血式精准扶贫策略的制定，确保整个扶贫工作的开展能体现出精准性和针对性，能避免不科学扶贫方式的应用。如此就能发挥区、县级图书馆辅助扶贫工作的重要力量，形成系统性的扶贫逻辑体系，对各环节扶贫工作的开展进行规范和约束，从而提高扶贫工作的综合影响力，使新时代背景下区、县级图书馆扶贫工作能向贫困地区扶贫政策的制定和资源的优化配置角度延伸，能充分展现区、县级图书馆参与扶贫工作的特色优势，构建较为专业的扶贫模型，使文化扶贫工作的开展能与地方文化体系建设发展需求相对应，从而助力扶贫工作形成良好的辐射效应，产生巨大的综合影响力。

2. 制订科学帮扶工作计划，帮助农民群众快速脱贫

区、县级图书馆参与区域扶贫工作的过程中，可以借助文化宣传和社会教育工作的开展，深入基层与群众紧密联系在一起，制订科学的帮扶工作计划，向群众宣传先进的文化知识和先进的技术体系，帮助农民掌握就业创业的技巧，能引入先进的技术对农业工作进行创新，帮助农民实现脱贫的目标。在实际工作中，区、县级图书馆组织管理人员可以深入田间地头向农民推广先进的农业生产技术、农业机械技术，也可以组织农业专家到农业生产区开展先进知识讲座活动，对农民群众实施有效的技术教育和科普培训，提高农民群众的专业素养，使他们在农业生产实践中，能有意识地探索先进技术的应用和开发，形成良好的农业发展模式，切实提升生产效能，为农业扶贫工作的开展奠定基础。在具体工作中，区、县级图书馆可以尝试结合本地区实际情况对重点经济作物进行研发，并设立专门的生产课题研究小组，与农民群众共同针对经济作物种植和加工方面的知识进行研究，提高农户生产技术水平，在增加产量的同时为扶贫工作的深入系统开展助力。

3. 积极推进社会教育工作，增强群众脱贫信心

区、县级图书馆承担着积极推进社会文化教育的任务，图书馆有意识地参与到社会文化教育服务体系中，能为群众文化素养的提升创造条件，从而激活村民群体脱贫的信心，使脱贫工作的开展取得良好发展效能。

首先，要积极组织开展对口帮扶教育活动，彰显区、县级图书馆文化服务的综合价值和整体水平。结合乡村振兴背景，图书馆在实际对公共文化服务模式进行改革优化的过程中，可以重点参与到专业技能型人才培养活动中，并以此为基础对馆藏文化资源服务体系进行建设，使图书馆文化服务工作的开展能与乡村扶贫工作的开展有机结合在一起。在工作实践中，图书馆可以安排专门的工作人员送书下乡，让贫困地区的人口能直观地阅读相关数据，可以按照需求获取相关的文化资源，促进文化资源的合理配置。

其次，多种方式整合促进服务工作有效推进，提高图书馆参与扶贫工作的

效能，使更多村民能主动到图书馆阅读，形成良好的阅读效应。在实际工作中，区、县级图书馆可以构建乡镇图书分馆或者村庄图书分馆，形成多元联动的良好文献资源服务格局，增强服务效能。同时，针对经济发展较为滞后、人口数量不多的地区，可以重点开发流动性较强的综合性群众文化服务活动，以流动文化下乡的方式给贫困地区的群众带来特色书籍，激发贫困地区群众有效阅读的兴趣，从而激活群众的阅读学习体验，使他们能主动阅读和有效阅读，为群众脱贫信心的培养奠定基础。

最后，积极开发社会教育活动，提升社会教育的综合影响力，激活贫困人口自觉脱贫的意识和主动脱贫的信心。区、县级图书馆在参与扶贫工作的过程中，可以通过定期组织开展座谈会、读书会以及先进科学技术展览等服务方式，为贫困地区的群众讲解先进的文化、技术等内容，使群众能产生阅读的兴趣，帮助群众开辟视野，从区域经济创新发展的角度认识本地区脱贫工作的重要性和脱贫工作的科学性，从而激发他们自主参与脱贫工作的信心，有效提升脱贫攻坚工作的整体发展成效。

4. 提高贫困地区人口信息技术认识能力

借助互联网技术的应用促进脱贫工作创新开展。在新时代背景下，互联网信息技术在各地区的广泛应用对社会建设发展产生了重要的影响，也使脱贫工作的技术形式出现了变化，因此区、县级图书馆在参与脱贫工作的过程中，要注意有意识地结合贫困地区人口信息素养的培养开展宣传教育活动，提高他们的思想认识水平，切实促进贫困地区脱贫工作取得良好的发展效能。

首先，要借助区、县级图书馆宣传教育工作的开展向贫困地区的人口普及互联网信息技术的重要作用，对他们实施互联网信息素养的教育和训练，使他们能在参与贫困地区经济社会发展活动的过程中，在图书馆服务工作的指引下，有意识地对数字化资源进行整合和利用，促进自身综合素质水平的提升，能将先进技术引入农业生产实践中，优化群众参与脱贫工作的效果，在互联网技术的支持下切实提高脱贫工作的整体水平。

其次，要开发精准化的信息服务，重点强化贫困地区人口的综合文化素养，引导他们主动参与到就业创业实践中，对他们的就业创业能力实施合理化的培养。在区、县级图书馆参与脱贫工作的过程中，要注意结合本地区人口资源的需求情况重点开展精准化的信息供给服务，按照区域经济建设需求和文化宣传引导工作的需要，重点促进信息服务的创新，为贫困地区人口提供相对精准的信息服务和文化服务，使贫困人口的就业能力、文化素养和创新创业能力得到良好的培养。在实际工作中，区、县级图书馆为了保持工作的综合效果，要有意识地构建能服务本地区群众学习和成长的特色资源体系，主动开展多元化的宣传教育活动，引导贫困群众对计算机信息技术知识进行学习，引导他们了解先进的农业种植技术、农业机械化生产技术，助力他们对特色农副产品进行开发，辅助电子商务平台的搭建，使贫困地区图书馆能在信息技术的支持下高效化地开展精准化的服务，增强服务工作的综合效果，为脱贫工作的开展奠定基础，切实加快群众地区经济社会改革发展的总体进程。

第十章

区、县级图书馆智能化服务体系建设

区、县级图书馆智能化服务体系的构建需要服务系统架构、服务系统设计作为支撑，也需要智能化服务工作组织部门的有序推进，明确智能化服务创新发展方向。因此新时期区、县级图书馆探索智能化发展的过程中，要注意从服务系统架构和服务系统设计的角度进行全面系统的分析，构建新的服务模式，切实提高区、县级图书馆智能化服务的综合效果。

一、区、县级图书馆智能服务系统架构

在区、县级图书馆探索管理技术创新、尝试引入智能化服务工作的过程中，应该将智能化服务系统的构建作为前提，在智能化服务系统的支撑下保障智能化服务高质量开展。在实际推进图书馆智能服务系统架构设计和建设的过程中，从服务功能建设角度进行分析，区、县级图书馆可以根据自身服务需求设置相应的门禁系统、预约系统、借还书系统、查询系统等，为本地区范围内读者群体提供高质量的智能化服务。

在系统架构工作中，在智能化服务体系的建设方面，主要对智能数据采集层、智能数据分析层和数据应用层进行设计和开发，其中对于区、县级图书馆智能数据采集层系统架构的设计，主要以智慧图书馆借阅服务模块、智慧推送

服务模块以及追踪定位服务模块的建设为主，重点结合数据信息的分析处理和管理决策对智能化服务进行开发，探索动态画面捕捉智能技术、体积位移传感智能技术以及红外传感智能技术的合理化应用，能在系统实际运行工作中按照图书馆综合服务需求的基本情况和行为模式提供智能化的决策管理参考，为图书馆服务质量的提升和系统管理工作的创新提供良好的支撑。

智能数据采集层主要有 RFID 技术、NFC 智能技术、动态画面捕捉智能技术等，重点开发了静态数据分析模块和动态数据采集模块，能按照县级图书馆的发展状态和发展需求支撑数据信息采集工作的开展，以便于在技术支持下能为县级数字图书馆管理工作的开展提供文献资料空间位置信息、群体热力图信息以及读者轨迹信息等，还能对图书馆内设备智能化运行状态信息进行采集和分析，以便于更加全面、精准化地了解读者服务工作的基本发展动态情况，有助于按照服务需求对读者工作进行调整和优化，从而提高信息时代县级数字图书馆读者服务工作的综合效果。

智能数据分析层中重点设置了数据预处理模块、数据存储模块以及数据推理模块，在系统运行方面能借助人工神经网络技术、模糊算法智能技术等，对数据信息实施有效的预处理，针对有价值的实施合理化的筛选，并结合数据信息实施系统化的分析，从而形成良好的数据信息分析和整合工作效应，为后续管理和服务工作的开展提供相对准确的信息支撑。这样区、县级图书馆在智能化服务创新的过程中，就能对智能化服务框架系统进行设计和完善，发挥智能化服务系统框架的支撑力量，全面提高服务工作的综合效果，为区、县级图书馆在现代社会综合服务和管理工作的全面创新提供坚实的保障，加快区、县级图书馆在信息时代的综合发展进程。

二、区、县级图书馆智能服务系统设计

区、县级图书馆智能化建设工作的科学稳定推进需要相应的智能服务系统

设计作为支持，因此新时代背景下区、县级图书馆探索建设发展的过程中，要重点结合智能服务系统的构建进行分析，保障建设工作的综合效果，借助智能服务系统的优化设计提高图书馆建设发展工作的总体效能。

（一）综合布线系统设计

在区、县级图书馆智能服务系统中，综合布线系统的设计和应用能适当地对图书馆管理层次和环节进行缩减和控制，使图书馆运营服务方面的效率明显提高，能保障系统运作工作的开展使图书馆运营管理、多媒体通信业务、读者个人通信业务等方面的需求得到极大的满足，从而有效促进图书馆综合服务管理体系的系统优化，增强建设效果。因此区、县级图书馆在对智能服务系统进行设计的过程中，要重点结合计算机数据布线技术、电话语音布线技术的应用，促进综合布线系统的全面开发和系统创新，保障计算机数据支持下能形成完善的布线系统服务体系，实现对两台布线系统的物理化隔离。

在此工作中，还要注意在对计算机数据布线系统进行设计和开发的过程中，要凸显数据布线系统的独立性，使其成为单独组成的综合布线系统，两套布线系统之间协同运作，形成独立的布线柜，分别完成对 1 根 4 芯万兆光缆的敷设。在此基础上，还要制订外网接入 INTERNET 的工作方案，内外实现对区域政府文化服务系统的有效衔接，使区、县级图书馆智能化服务模式的构建和服务系统的设计，能与区域图书馆综合管理工作的创新有机融合一起，全面提高综合管理效能，为图书馆现代化服务体系的构建提供强有力的支持。

（二）门禁系统的设计

在区、县级图书馆探索智能化流通管理工作的过程中，智能化服务系统的建设要关注门禁子系统的构建，为智能化服务系统的设计和开发提供良好的支持。从系统内部结构的角度进行分析，智能化门禁子系统的设计和应用主要应该设计网络门禁控制器模块、电锁模块、门禁读卡器模块、计算机智能化控制中心模块，在子系统运行方面依靠 RFID 技术的支持实现，为区、县级图书馆对入馆人员的管理和控制创造条件。在安装了门禁控制系统后，读者群体正常进入图书馆的情况下可以统一刷卡或者提供相应的门禁卡，门禁卡的读卡器和读码器能对标签或者二维码中的信息进行识别，在综合控制中心对信息进行确认后，将开门的权限传递给计算机控制系统，计算机控制系统发出开门的控制指令，门禁系统制动器就能按照信息提示将门禁系统中的门锁打开，允许读者群体进入图书馆中。这样就能借助门禁系统的设计和应用，对系统组织模式进行全面开发，提升系统运营的综合影响力，切实保障系统建设工作的高质量、高效率开展。

（三）图书检索与借还系统设计

区、县级图书馆在对智慧服务系统进行设计的过程中，要客观审视图书检索和借还的重要性，并以此为基础结合信息技术、智慧技术的应用，对图书的检索、借还等进行全面系统的开发，从而提高图书管理的综合影响力，使检索系统和借还系统能展现出智能化服务优势，提高服务的综合效果。在引入智能技术对区、县级图书馆图书借还系统进行设计和创新的过程中，较为重要的一点就是要结合 RFID 技术的应用针对图书馆内部的馆藏纸质书籍进行分类和编目，并按照图书所在的位置对书籍实施合理化的定位，方便读者在查询和借阅图书信息的过程中，能通过专门的检索设备获取信息，并在智能服务系统的支撑下完成对信息的筛选，为读者群体提供便捷化的文献资源服务，彰显服务工作的综合效果。

在引入智能技术的过程中，还可以尝试将信息技术、智能技术与图书归还系统进行整合，读者在归还图书的过程中，只需要将图书在电子设备上扫描标签，就能重新对图书的状态进行定义，方便图书管理人员及时对图书进行分类和归档。如此就能形成智能化的图书检索与借还系统，促进图书馆综合服务效能的进一步优化和创新，增强图书馆综合服务工作的整体水平，为区、县级图

书馆智能化服务体系的构建奠定基础。❶

（四）招聘控制系统的设计

区、县级图书馆对于智能服务系统的设计和探索，需要将招聘控制系统的设计和应用作为重点，有意识地结合区、县级图书馆综合管理和服务工作的现实需求，促进照明系统的应用和创新，提高服务工作的整体影响力。在实际工作中，为了能降低成本，对区、县级图书馆照明系统的能耗实施合理化的控制，并使读者的照明需求得到极大的满足，图书馆在构建智能化服务系统的过程中就可以设计照明控制子系统，在子系统的运作方面重点对图书馆阅览室、卫生间和走廊的照明实施智能化的控制。

其一，一般对于区、县级图书馆中走廊区域的照明系统主要可以设计控制面板控制模式以及实践程序控制模式两个主要的类别，在常规情况下智能化系统的运作方面，系统会按照时间程序对走廊照明的基本情况进行控制，结合季节变化对每日灯光进行自动的开启和关闭，并且会在走廊上设置相应的手动开关，方便在特殊环境下及时能对区、县级图书馆走廊的灯光进行针对性地调整。

其二，对于区、县级图书馆阅览区域照明的控制，则可以开发感应控制模式和时间程序控制模式，其中在实施感应控制模式的情况下，图书馆智能系统终端能结合室内光线的变化对照明灯光进行调整和控制，如果智能感应系统检测到阅览室在某个时间段内处于无人状态，则系统就会自动将灯光调节到较暗状态，甚至可能会关闭照明系统。而从时间程序控制模式的应用来说，在白天时间内为了能降低能耗，智能控制系统会使照明灯具保持关闭状态，如果有特殊情况则可以应用手动开关对照明进行调整。

其三，卫生间照明控制是照明系统中的重要环节，在实际对系统进行设计的过程中，主要根据室内红外线探测器采集到的信息控制开关，如果探测到有

❶ 孙洁玲．高职院校图书馆学科服务影响因素探讨［J］．江苏科技信息，2018.

人进入卫生间则照明设备自动开启，如果检测到人离开卫生间则照明设备自动关闭。

（五）防盗报警系统的设计

为了全面提升安保工作的水平和质量，促进图书馆内部馆藏文献资源和设备设施安全运行，区、县级图书馆在对智慧管理服务系统进行设计的过程中，还应该对防盗报警子系统进行适当的设计和开发，确保能对非法进入的行为实施全面监控和检测，在发现非法进入的情况后要及时进行处理，如果出现问题则需要及时向公安机关报警。

在区、县级图书馆智能管理系统中，防盗报警子系统的设计主要应该开发探测器模块、解码器模块、编码器模块、报警主机模块以及监控中心模块，并且对于探测器的设计需要在门厅位置、档案室位置、电子阅览室位置等建设相应的辅助系统，确保能对非法进入的情况实施精准化的探索，如果探测到非法进入的情况，总线编码就会智能化地接入消防控制室，将信息向报警主机传递，在正常警戒状态下，如果探索到有目标进入防护区域内，主机会结合传送信息做出智能化的判断，结合实际情况判断是否作出报警，如果确定为非法行为，报警主机会直接显示入侵系统的位置，也会弹出报警区域的地图，为安保人员提供相应的问题处理帮助。

（六）电子阅览室管理系统设计

在图书馆的运营发展实践中，电子阅览室管理系统的设计和规划能为智能化管理工作的开展提供有效的支撑，也能使区、县级图书馆智能化服务工作的开展呈现出全新的发展状态。因此在区、县级图书馆探索智能化管理服务工作的过程中，要注意针对电子阅览室的管理需求促进智能管理子系统的全面构建，为读者提供便捷化的服务，增强服务工作的综合影响力。在具体工作中，读者在区、县级图书馆电子阅览室选择书目后就可以通过刷卡的方式上机，然后电子阅览室的智能化管理系统会对读者信息进行智能化的读取和识别，按照读者的上机情况需求等确认服务方案，为读者提供便利化的服务。

同时在电子阅览室智能化管理服务系统的建设实践中，如果阅览室中的图书文献资源出现恶意破坏的情况，系统还能对计算机数据库中使用者的详细信息进行识别和筛选，并通过设置黑名单的模式对读者的功能进行限制，增强管理的稳定性和高效性，保障区、县级图书馆电子阅览室智能化管理服务工作的综合发展效能。唯有如此，才能形成电子阅览室的智能化管理服务模式，促进综合服务体系的全面优化，为电子阅览室的稳定发展和服务系统的全面创新奠定基础。

（七）自助信息查询系统

为了能使读者群体的信息查询需求得到满足，在电子阅览室开发智能化服务工作的过程中，对于智能服务系统的设计和构建，还需要探索自助咨询子系统的设计和开发，保障能形成FAQ问答服务模式，为读者群体提供智能化的服务。在实际工作中，按照区、县级图书馆智慧管理方面自助咨询工作的现实需求，图书馆可以尝试构建将语义计算作为基础的知识库管理子系统，并且子系统能与图书馆微信公众号、图书馆内部设备等形成有机的联系，在读者群体需要咨询相关问题的情况下，可以借助计算机终端或者微信公众号的支持提出问题，由知识库管理系统对问题进行筛选识别和处理，并采用文字的方式回答问题，帮助读者群体解决在阅读过程中遇到的问题。如此就能构建系统化的服务创新体系，凸显服务工作的智能化水平，从而对服务工作的综合效果进行全面优化。

（八）馆藏资源清点系统

图书馆馆藏资源的合理化清点能支持图书馆管理和服务工作的全面创新，在新时代背景下，为了使图书馆文献资源管理工作的现实需求得到满足，在实际工作中结合区、县级图书馆智能化服务系统的设计和开发，还应该对馆藏资源清点系统进行设计和完善，确保在图书馆文献资源进入图书馆的情况下，都会设置专门的 RFID 标签，并在标签上填写相关基本信息，确保图书文献资源的基本信息在清点系统中存储。

在图书馆管理人员结合智能服务系统的应用开展日常清点工作的过程中，工作人员可以结合手持阅读器的应用对文献资源进行扫描，获取 RFID 标签中的信息并在清点系统中进行对比，判断文献资源的位置是否是正确的，同时发现摆放错误位置文献资源，并形成文献资源名单，辅助工作人员能在清点工作中及时对出错的文献进行调整，有序完成统计和分析工作，提高清点工作的综合效果。同时，按照馆藏文献资源清点系统中长时间运作形成的信息总和，还可以针对采集的信息构建详细的文献分布为主数据模型图，借助三维立体的模式将文献资源的位置进行准确的标注，从而提高文献资源检索效率和清点效果，促进图书馆智能化服务水平的全面提升，为信息时代背景下图书馆管理服务工作的创新发展提供良好的支持。

三、区、县级图书馆智能服务工作的组织推进措施

区、县级图书馆智能服务工作的组织推进需要从多角度进行分析和探索，只有能构建新的组织管理体系和服务模式，才能提高组织管理工作的综合效果，保障图书馆智能化服务体系的重新构建和科学化发展。下面就对区、县级图书馆探索智能化管理服务的组织推进措施进行系统的分析。

（一）优化创新信息服务模式

在互联网时代背景下，互联网信息技术、计算机技术、人工智能技术的应用愈加广泛，对区、县级图书馆的智能服务组织工作进行分析，要注意在人工智能技术的支撑下，对相关服务方式进行探索和优化，形成更加全面系统的综

合服务体系，保障能对信息服务方式进行调整和优化，促进综合服务效果的全面提升。

首先，要借助智能技术对信息服务方式进行适当的改进，使图书馆能按照读者的借阅喜好开展数据信息的深度分析工作，定期结合数据分析结果向读者群体提供最新、最具特色的馆藏文献资源和信息资源，保障读者不需要到区、县级图书馆就可以获取相关的服务信息，增强服务工作的主动性和针对性。同时，在智能化区、县级图书馆管理模式的作用下，图书馆管理人员也会不断对自身服务思想和服务意识作出相应的调整，有意识地探索数字技术的应用保障私人定制服务的开发，显著提高综合服务工作的效果。

其次，要面向群众探索服务体系的构建，逐步分析图书馆智能技术的应用方案，发挥技术支持作用对图书馆图书信息资源服务系统进行改进和优化，使网络延迟和堵塞的问题得到合理化的处理，促使用户群体能获得良好的阅读服务体验。

最后，积极探索个性化服务模式的构建，在智慧图书馆建设实践中按照读者偏好和实际需求，采用微博、微信等载体优化信息分析和需求预测工作，为读者提供个性化的服务，彰显综合服务的价值。

（二）促进人工智能技术多元化应用

区、县级图书馆对于智能服务的组织推进需要从人工智能技术在不同领域、不同侧面的应用角度进行分析，只有能充分发挥人工智能技术的应用优势，切实增强综合服务效果，才能彰显人工智能技术的特色，保障各项组织建设工作高效化开展。

首先，要探索智能检索技术的应用，借助智能检索技术的支持循序渐进改善区、县级图书馆检索工作中存在的缺陷，促进建设效率的提升，减少读者负担，提升服务效率和服务影响力。

其次，促进数据分析和管理能力的应用，在实际对区、县级图书馆智能服务进行组织开发的过程中，要注意促进移动互联网技术、云计算技术、大数据技术以及人工智能技术的多元化整合，重点对实体图书馆智能化管理以及虚拟图书馆服务模式的开发进行创新，在人工智能技术的支撑下实现对区、县级图书馆馆藏文献资源的高效化开发和系统化应用，形成新的图书馆综合管理模式，落实读者管理、文献资源管理、综合服务管理的一体化建设，保障图书管理系统运行过程中不同的管理技术和管理模式能实现多层次整合和多角度融合，改善服务工作的基本发展效能，在智能化管理服务创新的基础上为图书馆决策管理工作的开展提供支持，切实推动新时代背景下区、县级图书馆智能化服务模式的构建科学创新开展。如此在技术创新和技术多元化应用的情况下，区、县级图书馆就能对综合服务模式进行全面开发，优化图书馆智能化服务工作的整体组织效果，为现代化组织模式和体系的构建提供良好的支持，推动区、县级图书馆实现高效率发展和高水平发展的目标。

（三）促进专业人才的培养和引进

区、县级图书馆智能服务工作的组织推进需要专业人才的支撑，只要能具备完善的人才队伍，可以在人才的支撑下引入人工智能技术，对图书馆文献数字信息存储、共享等实施智能化管理，就能循序渐进地改善区、县级图书馆管理落后方面的问题，促进综合管理水平的提升，为区域公共文化事业的发展奠定基础。

首先，要针对区、县级图书馆智能化建设服务人才开展专门的教育培训，从思想教育、职业素养教育、综合实践能力教育的角度提高图书馆管理人员和服务人员的综合服务意识和服务能力，增强他们对智能化管理服务的认可程度，从而在专业技能培训的基础上提高图书馆管理人员的综合素质，使他们能更好地适应当前发展需求，[1] 对图书馆管理工作进行科学的调整和规划，保障图书馆人才队伍的稳定性和灵活性，能与时俱进地支持数字化图书馆和智能化图书馆的构建，保障综合服务影响力得到不断地提高。

---

[1] 张立霞．关于加强乡镇图书管理的思考［J］．管理观察，2019.

其次，要引进智能空间人才，按照区、县级图书馆智能化建设的核心思想，尝试引进专业性较强的智能空间人才、大数据人才、物联网专业人才等，使他们能紧随时代发展变化对数字化的管理和服务模式进行调整，形成动态化的人力资源管理和创新工作体系，为图书馆智能化服务工作的开展提供良好的支持，使智能化图书馆的构建能取得显著的成就。

（四）创新读者智能化服务

在组织推进智能化管理工作的过程中，区、县级图书馆要注意从读者服务的创新和优化方面作出相应的探索，保障各项建设工作稳定、高效化开展。

首先，要积极探索读者在线平台浏览记录的有机整合，按照读者实际需求情况，促进人工智能技术、大数据技术的合理化应用，构建智能化的综合服务系统，确保能通过对数据信息的挖掘、利用和整合分析，实现对数据信息的多元化浏览，形成科学合理的综合服务模式，展现智能图书馆统计分析的作用，优化读者信息反馈工作的综合效果，确保图书馆能对工作作出动态化的调整，增强服务工作的综合影响力。

其次，要对读者咨询行为数据信息进行全面系统地分析，管理员要全面了解读者群体的服务需求，并对工作的开展进行补充，保障服务模式的优化和数据体系的构建能产生良好的效果，为读者群体提供高质量的服务体验，真正实现读者服务创新发展的目标。

最后，要促进读者教育工作的优化开展，按照区、县地区读者群体综合素质培养工作的现实要求，在探索智能化服务模式建设的过程中，要注意结合馆藏数字资源的开发和利用构建读者教育系统，通过信息宣传和资源共享对读者群体作出合理化的教育和指导，促进读者潜在阅读潜能的挖掘，有意识地对读者群体的信息素养加以培养，保障读者教育和服务工作的高效化组织推进。

四、区、县级图书馆智能服务的创新发展方向

新时代的发展推动了管理服务模式的全面创新，在区、县级图书馆探索智能化发展和管理工作的过程中，对未来创新发展方向进行准确定位，能突出智能化服务创新效果，为区、县级图书馆创新发展服务体系的构建创造有利空间。结合新时代发展背景，区、县级图书馆在探索智能化服务创新的过程中，可以从以下角度探索创新发展方向。

（一）技术创新发展方向

智能化服务工作的开展需要技术创新的支持，在区、县级图书馆开发智能服务工作的过程中，要想实现创新发展，需要将技术的创新作为前提，从多角度促进新技术的开发和应用，为智能化服务工作的推进提供良好的支持。

具体结合区、县级图书馆的建设发展情况，在对智能服务技术进行创新的过程中，一方面可以探索智能检索算法的创新应用，把握大数据时代的影响，在实际探索服务模式创新的过程中，应该深刻认识到区、县级图书馆在未来区域文化建设发展方面呈现出的信息承载趋势，反思图书馆智慧服务建设方面对智能检索技术创新的现实需求，从而以此为基础对智能检索技术的创新开发进行深入探索。在实际工作中，要积极对深层化和网络化的算法体系进行系统地开发，构建理想化和科学化的智能检索算法，并按照区、县级图书馆数字系统建设需求和智能服务需求，有效将智能检索算法应用到管理系统的建设工作中，确保在图书馆管理体系中可以按照不同用户的操作特点构建个性化的倾向性数据分析模型，快速准确地对用户的兴趣需求数据进行整理和分析，并开发精准化的图书资源推荐和共享服务。从当前区、县级图书馆在智能服务体系建设方面的基本情况看，智能搜索引擎“Semantic Scholar”技术以及智能检索门户“Mylibrary”技术的应用前景较好，算法功能也较为完善，因此图书馆对

于智能化服务系统的开发，可以重点从这两项技术的创新应用角度进行分析，提供内容全面、对接效果较好地服务，保障各项读者服务工作的开展能得到读者群体的高度认可。

另一方面，可以探索语义转换算法的创新应用，在区、县级图书馆对创新服务模式进行探索和开发的过程中，有意识地借助语义转换算法的应用能对多种多样的数据信息进行转化，形成标准化的计算机语言，方便在智能系统中实现对相关信息的高效化管理，促进图书馆智能服务水平的全面优化，让读者群体获得更高层次的服务体验。现阶段，西方部分国家已经在智能图书馆服务系统建设方面开发了较为成熟的语义转换算法和转换系统，但是我国在区、县级图书馆智能服务的开发方面对语义转换算法的开发和应用仍然处于建模阶段，因此为了提高综合管理效能，在实际工作中还应该结合实际情况从语义转换算法的应用角度进行深度系统的探究，切实推动区、县级图书馆智能服务实现创新发展。

（二）智能化服务模式的创新

区、县级图书馆在探索多元化发展的过程中，对服务智能化发展模式进行了研究，为服务模式的全面创新提供了良好的支持。现阶段我国区、县级图书馆采用传统模式开展管理服务工作的情况下，会在用户管理、信息处理以及资源管理工作中表现出一定的落后性，会对服务工作的创新开展和读者服务需求的满足产生一定的不良影响。因此现代图书馆在针对智能化管理服务进行创新的过程中，在服务功能、管理功能个性化探索方面，也将表现出一定的优势和良好的发展路径。

其一，智能化服务表现出互动化的特点。在智能化时代背景下开展管理服务工作的过程中，人机交互技术的应用为智能化管理和服务工作的开展提供了良好的支持，也为现代图书馆建设发展指明了方向，这就促使图书馆智能化服务创新体现出互动性的特点。一方面，在区、县级图书馆探索现代化、智能化管理服务工作的过程中，智能系统的应用能为交互服务模式的构建提供良好的支持，在智能化技术的支持下，图书馆能在管理工作中实现对用户数量、热点词条等的动态管理和信息系统的有机整合，可以在系统后台中完成对数据信息动态变化曲线的整合，也能促进权重表格的设计。这样区、县级图书馆管理人员在开展管理工作的过程中就可以直观准确地获取相关数据信息和波动变化的信息规律，从而促进图书馆整体服务水平的全面提升，保障能对服务调整制订针对性的工作方案。

另一方面，区、县级图书馆智能化服务的互动性发展还体现在智能系统与读者之间实现信息交互层面，在促进服务智能化发展的过程中，现代图书馆管理系统能借助不同交互模式、不同交互载体的应用，能响应读者群体的面部识别、指纹识别功能，也能依托移动平台、计算机设备等与系统进行互动，优化服务效果，促进智能化服务作用得到充分彰显。

其二，智能化服务表现出个性化发展趋向。区、县级图书馆对于智能化服务的挖掘和设计会对图书馆综合服务效能产生积极的影响，对区、县级图书馆智能化服务方面个性化发展趋向进行分析，能看出图书馆个性化发展趋向主要从数据信息的采集、数据信息的筛选以及数据信息的推送角度得到体现。

从数据信息的智能化采集角度看，在应用智能技术对图书馆服务进行创新的过程中，图书馆能实现动态和静态结合开展信息采集工作，以读者信息为例进行分析，静态信息采集即读者借助资源借阅量、借阅类型、借阅市场等对读者享受智能化服务工作中生成的操作习惯信息、阅读特点信息等进行研究，对信息进行全面动态采集，使所采集的信息能体现出个性化特色。

在个性化数据信息的筛选方面，在智能化服务系统的支撑下，能借助数据分析统计对信息进行高精度的筛选，确定读者群体的偏好，按照读者信息的偏好情况对服务工作进行调整和优化，增强服务管理的整体水平。

从数据信息的推送角度看，在智能化服务系统中，结合智慧服务体系的构建能生成智能化和个性化的数据信息推送服务体系，为读者群体提供分类管理和差异化的服务，增强服务工作的综合效果，使服务工作的开展能得到读者群体的认同，可以高精度满足读者群体的需求。

参考文献

[1] 王廷梅 . 经济欠发达地区县级图书馆现状及发展对策研究 [J]. 黑河学刊，2019.

[2] 冯敏莹 . 全面融合：高校图书馆与公共图书馆合作建设成功模式研究 [J]. 晋城职业技术学院图书馆，2018.

[3] 赵梅花 . 提升县级图书馆服务质量促进少儿阅读 [J]. 传媒论坛，2019.

[4] 徐冰娟 . 公共图书馆在学习型社会建设中的特殊价值 [D]. 临汾：山西师范大学，2020.

[5] 师曼 . 中华民族传统文化在高校思政教育中的应用 [D]. 周口：周口师范学院，2017.

[6] 肖莉 . 浅谈公共图书馆馆藏建设的原则和方法 [J]. 全国新书目，2007.

[7] 贺方彬 . 后危机时代中国特色社会主义文化发展战略选择 [J]. 重庆交通大学学报（社会科学版），2010.

[8] 刘润 . 资本、权力与地方：成都市文化空间生产研究 [D]. 兰州：兰州大学，2015.

[9] 王淑君 . 图书馆作为公共文化空间的价值探微 [J]. 河南偃师市图书馆，2018.

[10] 马艳平 . 浅谈新时期县级图书馆的馆藏建设 [J]. 科技情报开发与经济，2010.

[11] 韦茜 . 图书馆制度建设的再思考 [J]. 科技情报开发与经济，2010.

[12] 苏格德日玛 . 论县级图书馆开展图书数字资源服务探索 [J]. 中国高新

区，2018.

[13] 崔晓颖 . 公共图书馆社会价值的再认识 [J]. 青海省图书馆，2009.

[14] 曲小燕 . 胡锦涛民族精神思想研究 [D]. 长沙：湖南农业大学，2013.

[15] 姜育恒 . 基于“互联网 +”的公共图书馆文献资源开放共享模式 [J]. 郑州图书馆，2020.

[16] 傅朝荣，杨耀荣 . 适应知识经济时代挑战树立终身教育观念 [J]. 中国林业教育，2000.

[17] 王娟，黄亦君 . 构建图书馆读者图书评价体系的研究 [D]. 贵州：中共贵州省委党校马克思主义与党的建设研究院，2017.

[18] 郭改青 . 论县级公共图书馆个性化信息服务模式与发展策略 [J]. 才智，2013.

[19] 杨宏丽 . 新形势下图书馆信息化管理的发展趋势探讨 [J]. 科教导刊（上旬刊），2016.

[20] 刘京翰 . 河南省驻马店市辖区县级公共图书馆建设现状研究 [D]. 郑州：郑州大学，2018.

[21] 张莹莹 . 图书馆公共文化服务体系研究综述 [D]. 福州：情报探索，2017.

[22] 杨友清 .2006—2013 年我国公共文化服务体系建设研究定量分析 [J]. 新世纪图书馆，2014.

[23] 赵佳瑜 . 数字孪生技术下的图书馆信息资源共享研究 [D]. 湘潭：湘潭大学公共管理学院，2020.

[24] 郭海强 . 县级图书馆信息化建设管理问题及对策研究 [J]. 网络安全技术与应用，2019.

[25] 郭睿 . 浅议基层公共文化服务体系建设——以云南曲靖麒麟区沿江街道为例 [D]. 北京：中国民族博览，2018.

[26] 刘曜 . 加强我省县级公共图书馆公共性的思考 [J]. 黑龙江科技信息，

2010.

[27] 王行 . 免费开放环境下公共图书馆服务面临的挑战与创新路径 [J]. 科技展望，2016.

[28] 陶景冶 . 县级数字图书馆建设路径研究 [J]. 产业与科技论坛，2019.

[29] 安蓓 . 网络环境下图书馆整合性服务与资源共享研究 [D]. 太原：太原理工大学图书馆系统与技术部，2019.

[30] 惠茹 . 公共文化服务体系建设环境下的公共图书馆延伸服务研究 [D]. 图书情报论坛，2014.

[31] 苏格德日玛 . 论县级图书馆开展图书数字资源服务探索 [J]. 中国高新区，2018.

[32] 胡税根，李倩 . 我国公共文化服务政策发展研究 [D]. 武汉：华中师范大学学报（人文社会科学版），2015.

[33] 夏有军 . 衢州数字图书馆特色资源库建设 [J]. 黑龙江史志，2013.

[34] 田英萍 . 拓宽图书馆服务领域构建公共文化服务体系 [J]. 农业图书情报学刊，2009.

[35] 赵青 . 上海市居（村）委综合文化活动室发展研究 [D]. 上海：上海社会科学院，2019.

[36] 宋文秀 . 数字时代图书馆读者个人隐私保护现状与策略探析 [J]. 图书馆工作与研究，2019.

[37] 段宇锋，郭玥，王灿昊 . 嘉兴市城乡一体化公共图书馆服务体系建设 [J]. 图书馆杂志，2019.

[38] 何茹 . 肥东县农村公共文化服务供给问题研究 [D]. 芜湖：安徽工程大学，2018.

[39] 石先昆 . 媒体舆论中的自助图书馆质疑辨析及改进策略 [J]. 图书馆研究与工作，2019（8）.

[40] 肖蔚蓝 . 法治视域中社会力量参与自助图书馆建设研究 [J]. 河南图书

馆学刊，2019（7）.

[41] 揭育琨 . 跨系统图书馆服务联盟建设的实践——以“江门五邑联合图书馆”为例 [J]. 图书馆研究，2019（3）.

[42] 李颖 . 新时代共建共治共享的自助图书馆实践——以江门市 24 小时自助图书馆建设为例 [J]. 河南图书馆学刊，2019（1）.

[43] 鲁方平 . 自助图书馆发展模式的比较研究——以温州市图书 ATM 机与“城市书房”的建设为例 [J]. 国家图书馆学刊，2017（2）.

[44] 冯剑平 . 县级图书馆建设的几个关键点的思考 [J]. 黑河学刊，2016（2）.

[45] 陈聚玲 . “乡村振兴”战略背景下县级图书馆服务村镇图书馆建设研究——以淅川县为例 [J]. 乡村科技，2018（34）.

[46] 公育梅 . 县级图书馆建设与发展的思考 [J]. 图书馆理论与实践，2009（3）.

[47] 宋爱青 . 社会主义新农村建设环境下的县级图书馆建设探讨 [J]. 黑龙江科技信息，2009（24）.

[48] 盛亚光，张玉红 . 县级图书馆免费开放服务管见 [J]. 图书馆学刊，2013（4）.

[49] 刘海波 . 县级公共图书馆建设问题思考 [J]. 黑河学刊，2013（10）.

[50] 易少玲 . 当前县级图书馆建设中存在的问题及其对策 [J]. 大众文艺，2012（22）.

[51] 陈廉芳 . 试论我国县级图书馆的流动性建设 [J]. 科技情报开发与经济，2007（11）.

[52] 张海英 . 县级图书馆如何开展信息服务 [J]. 价值工程，2010（27）.

[53] 张燕 . 素质教育中县级图书馆为教师群体服务的思考 [J]. 图书馆建设，2002（1）.